财富世界行 系列丛

The Transformation Plan Of Money

金钱改造计划

印度尼西亚财富世界之旅

Rich World Tour Of Indonesia

李光辉 / 编著

中国出版集团　现代出版社

图书在版编目(CIP)数据

金钱改造计划/ 李光辉编著. —北京：现代出版社，2016.7(2021.8重印)
ISBN 978-7-5143-5229-0

Ⅰ.①金… Ⅱ.①李… Ⅲ.①经济概况—印度尼西亚
Ⅳ.①F134.2

中国版本图书馆CIP数据核字(2016)第160719号

编　　著	李光辉
责任编辑	王敬一
出版发行	现代出版社
通讯地址	北京市安定门外安华里504号
邮政编码	100011
电　　话	010-64267325 64245264(传真)
网　　址	www.1980xd.com
电子邮箱	xiandai@cnpitc.com.cn
印　　刷	北京兴星伟业印刷有限公司
开　　本	700mm×1000mm 1/16
印　　张	9.5
版　　次	2016年12月第1版　2021年8月第3次印刷
书　　号	ISBN 978-7-5143-5229-0
定　　价	29.80元

前言
QIANYAN

多年以来,我们就一直想策划关于G20的图书,经过艰苦努力,如今这个想法终于变成了现实。毋庸置疑,G20已经成为世界上最具影响力的经济论坛之一,而成员国则被视为世界经济界"脑力激荡"、"激发新思维"与财富的代名词。

我常常会在心里问自己:到底什么是财富?什么是经济?有的人可能会说,钱啊!这种说法从某种意义上来说有一定的道理。在这里我要说,只要是具有价值的东西都可以称之为财富,包括自然财富、物质财富、精神财富,等等。从经济学上来看,财富是指物品按价值计算的富裕程度,或对这些物品的控制和处理的状况。财富的概念为所有具有货币价值、交换价值或经济效用的财产或资源,包括货币、不动产、所有权。在许多国家,财富还包括对基础服务的享受,如医疗卫生以及对农作物和家畜的拥有权。财富相当于衡量一个人或团体的物质资产。

需要说明的是,世上没有绝对的公平,只有相对的强弱。有的人一出生就有豪车豪宅,而且是庞大家业的继承人;有的人一出生就只能是穷乡僻壤受寒冷受饥饿的孩子。自己的人生只有改变"权力、地位、财富"中的一项,才可以获得优势的生存机会。那么,财富又被

赋予了新的内涵:要创造财富,增加财富,维持财富,保护财富,享受财富;要提高自己的生活质量。

二十国集团是一个国际经济合作论坛,它的宗旨是为推动发达国家和新兴市场国家之间就实质性问题进行讨论和研究,以寻求合作并促进国际金融稳定和经济持续发展。二十国集团由美国、英国、日本、法国、德国、加拿大、意大利、俄罗斯、澳大利亚、中国、巴西、阿根廷、墨西哥、韩国、印度尼西亚、印度、沙特阿拉伯、南非、土耳其共19个国家以及欧盟组成。这些国家的国民生产总值约占全世界的85%,人口则将近世界总人口的2/3。本选题立足二十国集团,希望读者通过阅读能够全面了解这20个经济体,同时,能够对财富有一个全面而清醒的认识。

即使在基本写作思路确定后,对本书的编写还是有些许的担忧,但是工作必须做下去,既然已经开始,我们绝不会半途而废。在编写过程中,书稿大致从以下几个方面入手:

1. 立足G20成员国的经济、财富,阐述该国的经济概况、经济地理、经济历史、财富现状、财富人物以及财富未来的发展战略等。

2. 本书稿为面对青少年的普及型读物,所以在编写过程中尽量注重知识性、趣味性,力求做到浅显易懂。

3. 本书插入了一些必要的图片,对本书的内容进行了恰到好处的补充,以更好地促进读者的阅读。

尽管我们付出了诸多的辛苦,然而由于时间紧迫和能力所限,书稿错讹之处在所难免,敬请各方面的专家学者和广大读者批评指正,我们将不胜感激!

编 者

2012年11月

CONTENTS 目录

第三章　财富新支柱的崛起 / 67

第四章　千岛之国矿业的发展 / 109

开 篇 二十国集团是怎么回事

　　二十国集团，由八国集团（美国、日本、德国、法国、英国、意大利、加拿大、俄罗斯）和11个重要新兴工业国家（中国、阿根廷、澳大利亚、巴西、印度、印度尼西亚、墨西哥、沙特阿拉伯、南非、韩国和土耳其）以及欧盟组成。

二十国集团简介

二十国集团,由八国集团(美国、日本、德国、法国、英国、意大利、加拿大、俄罗斯)和11个重要新兴工业国家(中国、阿根廷、澳大利亚、巴西、印度、印度尼西亚、墨西哥、沙特阿拉伯、南非、韩国和土耳其)以及欧盟组成。按照惯例,国际货币基金组织与世界银行列席该组织的会议。二十国集团的 GDP 总量约占世界的 85%,人口约为 40 亿。中国经济网专门开设了"G20 财经要闻精粹"专栏,每日报道 G20 各国财经要闻。

【走近二十国集团】

二十国集团,又称 G20,它是一个国际经济合作论坛,于 1999 年 12 月 16 日在德国柏林成立,属于布雷顿森林体系框架内非正式对话的一种机制,由原八国集团以及其余 12 个重要经济体组成。

二十国集团的历史

二十国集团的建立，最初是由美国等 8 个工业化国家的财政部长于 1999 年 6 月在德国科隆提出的，目的是防止类似亚洲金融风暴的重演，让有关国家就国际经济、货币政策举行非正式对话，以利于国际金融和货币体系的稳定。二十国集团会议当时只是由各国财长或各国中央银行行长参加，自 2008 年由美国引发的全球金融危机使得金融体系成为全球的焦点，开始举行二十国集团首脑会议，扩大各个国家的发言权，它取代了之前的二十国集团财长会议。

二十国集团的成员

二十国集团的成员包括：八国集团成员国美国、日本、德国、法国、英国、意大利、加拿大、俄罗斯，作为一个实体的欧盟和澳大利亚、中国以及具有广泛代表性的发展中国家南非、阿根廷、巴西、印度、印度尼西亚、墨西哥、沙特阿拉伯、韩国和土耳其。这些国家的国民生产总值约占全世界的 85%，人口则将近世界总人口的 2/3。二十国集团成员涵盖面广，代表性强，该集团的 GDP 占全球经济的 90%，贸易额占全球的 80%，因此，它已取代 G8 成为全球经济合作的主要论坛。

【走近二十国集团】

二十国集团是布雷顿森林体系框架内非正式对话的一种机制，旨在推动国际金融体制改革，为有关实质问题的讨论和协商奠定广泛基础，以寻求合作并促进世界经济的稳定和持续增长。

二十国集团的主要活动

二十国集团自成立至今,其主要活动为"财政部长及中央银行行长会议",每年举行一次。二十国集团没有常设的秘书处和工作人员。因此,由当年主席国设立临时秘书处来协调集团工作和组织会议。

会议主要讨论正式建立二十国集团会议机制以及如何避免经济危机的爆发等问题。与会代表不仅将就各国如何制止经济危机进行讨论,也将就国际社会如何在防止经济危机方面发挥作用等问题交换意见。

1999 年 12 月 15 日至 16 日,第一次会议暨成立大会,德国柏林;

2000 年 10 月 24 日至 25 日,第二次会议,加拿大蒙特利尔;

2001 年 11 月 16 日至 18 日,第三次会议,加拿大渥太华;

2002 年 11 月 22 日至 23 日,第四次会议,印度新德里;

2003 年 10 月 26 日至 27 日,第五次会议,墨西哥莫雷利亚市;

2004 年 11 月 20 日至 21 日,第六次会议,德国柏林;

2005 年 10 月 15 日至 16 日,第七次会议,中国北京;

2006 年 11 月 18 日至 19 日,第八次会议,澳大利亚墨尔本;

2007 年 11 月 17 日至 18 日,第九次会议,南非开普敦;

2008 年 11 月 8 日至 9 日,第十次会议,美国华盛顿;

2009 年 4 月 1 日至 2 日,第十一次会议,英国伦敦;

2009 年 9 月 24 日至 25 日,第十二次会议,美国匹兹堡;

2010 年 6 月 27 日至 28 日,第十三次会议,加拿大多伦多;

2010 年 11 月 11 日至 12 日,第十四次会议,韩国首尔;

2011 年 2 月 18 日至 19 日,第十五次会议,法国巴黎;

2011 年 11 月 3 日至 4 日,第十六次会议,法国戛纳;

2012 年 6 月 17 日至 19 日,第十七次会议,墨西哥洛斯卡沃斯。

二十国集团的相关报道

1.加拿大：防止债务危机恶化

作为峰会主席国,加拿大主张:各成员国应就未来5年将各自预算赤字至少减少50%达成一项协议，以防止主权债务危机进一步恶化;会议应发出明确信号,收紧刺激性支出，即当各国刺激计划到期后，将致力于重整财政,防止通货膨胀。

> **【走近二十国集团】**
> 以"复苏和新开端"为主题的二十国集团领导人第4次峰会于2010年6月26日至27日在加拿大多伦多召开。此次峰会正值世界经济出现好转趋势,但欧元区主权债务危机爆发又给全球经济走势增添诸多变数之际。在此背景下,与会的主要发达国家及发展中国家对这次峰会的立场受到国际舆论的高度关注。

加拿大还认为，应建立有效的金融调节国际机制,进一步提高银行资本充足率,以防止出现新的金融机构倒闭。不应由纳税人承担拯救金融机构的责任;加强世界银行、国际货币基金组织和多边开发银行的作用,支持国际货币基金组织配额改革,反对开征银行税,认为设立紧急资金是更好的选择。

此外,加拿大还表示,各成员国应承诺反对贸易保护主义,促进国际贸易和投资进一步自由化,确保经济复苏;增加对非洲的发展援助。

2.美国：巩固经济复苏势头

美国是世界头号经济强国,也是本轮金融危机的发源地。根据美国官

方透露的信息,美国政府对此次峰会的主要立场包括:巩固经济复苏势头;整顿财政政策;加强金融监管,确立全球通用的金融监管框架。美国希望与各国探讨国际金融机构的治理改革等问题。

【走近二十国集团】

二十国集团的宗旨是为推动已工业化的发达国家和新兴市场国家之间就实质性问题进行开放及有建设性的讨论和研究,以寻求合作并促进国际金融稳定和经济的持续增长。

美国财政部官员说,中国日前宣布进一步增强人民币汇率弹性,其时机对二十国集团峰会"极有建设性"。欧洲宣布将公布对银行业进行压力测试的结果,这将有助于恢复市场信心。

美方对这两项宣布感到鼓舞。

3.巴西:鼓励经济增长政策

根据从巴西外交部得到的消息,巴西将在二十国集团峰会上提出要求各国继续鼓励经济增长政策、加快金融市场调节机制建设的主张。

巴西认为,当年4月结束的世界银行改革"令人满意",但在今后几年中还应在各国投票权上实现进一步平等。此外,峰会应从政治层面强调国际货币基金组织改革。

巴西政府主张二十国集团应发挥更大作用,因为当今世界,二十国集团已显示出了高效讨论各种重要议题的论坛作用。同时,二十国集团也需从主要讨论金融危机拓展到其他问题,如发展、能源和石油政策等。

4.俄罗斯:主张二十国集团机制化

俄罗斯曾经在峰会上就二十国集团机制化、推动国际审计体系改革、建立国际环保基金等具体问题提出一系列倡议。

梅德韦杰夫曾经在会见巴西总统卢拉后说,现在需要努力将二十国集团打造成一个常设机构,以便对国际经济关系产生实际影响。

梅德韦杰夫还在接见美国知名风险投资公司负责人时表示，原有的国际审计体系已经被破坏，俄罗斯目前正在制定改革这一体系的相关建议。他说，二十国集团峰会应对关于审计改革的议题进行讨论。

在防范金融风险方面，俄罗斯可能提出两套方案：一是开征银行税并建立专门的援助基金；另一方案是在发生危机时，国家向银行提供资金支持，但危机过去后，银行不仅要返回资金，还要支付罚款。

5.日本：期望发挥积极作用

日本外务省经济局局长铃木庸一则在记者会上表示，在发生国际金融和经济危机、新兴国家崛起等国际秩序发生变化的形势下，二十国集团是发达国家和新兴国家商讨合作解决全球问题的场所，日本可以继续为解决全球问题发挥积极作用。

> **【走近二十国集团】**
>
> 铃木庸一说，从支撑世界经济回升、遏制贸易保护主义的观点出发，二十国集团首脑应表明努力实现多哈谈判早日达成协议的决心。

日本期望峰会能深入讨论如何应对全球性问题并达成一些协议，发达国家和新兴国家能够更多地开展合作，共同致力于解决经济、金融等方面的全球性课题。

6.南非：希望从国际贸易中受益

对于二十国集团峰会，南非政府希望在峰会上重申，南非将与其他国家加强贸易进出口联系，以使其在国际贸易交往中受益。对此，南非方面呼吁重建世界贸易经济交往秩序和规则，予以发展中国家新兴经济体以更多的优惠与权利，与其他发展中国家携手重建世界贸易新秩序。

南非经济学家马丁·戴维斯认为，二十国集团峰会本是西方世界的产物，如今以中国、南非、巴西、印度等新兴经济体为代表的发

展中国家需要联合起来,打破国际经济旧秩序,建立更加平衡、公平、长效、利于世界经济全面复兴的新国际经贸秩序。

【走近二十国集团】

在推进国际金融监管改革方面,欧盟将力主就征收银行税达成协议。除此之外,欧盟还提出要在峰会上探讨征收全球金融交易税的可能性。

7.欧盟:实施退出策略需加强协调

对于欧盟来说,在实施退出策略上加强国际协调和继续推进国际金融监管改革,将是其在峰会上的两大核心主张。

欧盟曾经掀起了一股财政紧缩浪潮,但在如何巩固财政和维护经济复苏之间求得平衡的问题上与美国产生分歧。在退出问题上美欧如何协调将是多伦多峰会的一大看点。

8.印度:征银行税不适合印度

印度政府官员表示,在峰会上,新兴经济国家与发达国家在如何促进世界经济复苏的问题上将产生不同意见。

各国应对金融危机的情况不同,经济增长形势不同,西方国家必

须认识到这一点。

印度官员指出，欧盟目前被一些成员国的财政赤字和债务危机所困，法德两国都希望收缩开支。但德国如果采取财政紧缩政策，它可能会陷入双重经济衰退，而且整个欧盟的经济也将随之收缩，这不利于世界经济复苏。

印度官员同时表示，美国政府最近提出要征收银行税和加强对银行的政策限制，西方很可能要求印度等国也采取类似措施，但这并不适合印度，因为印度的金融体系相当健康。

9.中国：谨慎决策防范风险

中国外交部副部长崔天凯曾经在媒体吹风会上说，多伦多峰会是二十国集团峰会机制化后的首次峰会，具有承前启后的重要意义。中方希望有关各方维护二十国集团信誉与效力，巩固该集团国际经济合作主要论坛的地位。

中方在此次峰会上强调，为推动全球经济稳定复苏，各国应保持宏观经济政策的连续性和稳定性；根据各自国情谨慎确定退出战略的时机和方式；在致力于经济增长的同时防范和应对通胀和财政风险；反对贸易和投资保护主义，促进国际贸易和投资健康发展。

中方还指出，为实现全球经济强劲、可持续增长，发达国家应采取有效措施解决自身存在的问题，以减少国际金融市场波动；发展中国家应通过改革和结构调整，以促进经济增长。

集团宗旨

二十国集团属于非正式论坛，旨在促进工业化国家和新兴市场国家

【走近二十国集团】

二十国集团还为处于不同发展阶段的主要国家提供了一个共商当前国际经济问题的平台。同时，二十国集团还致力于建立全球公认的标准，例如在透明的财政政策、反洗钱和反恐怖融资等领域率先建立统一标准。

就国际经济、货币政策和金融体系的重要问题开展富有建设性和开放性的对话,并通过对话,为有关实质问题的讨论和协商奠定广泛基础,以寻求合作并推动国际金融体制的改革,加强国际金融体系架构,促进经济的稳定和持续增长。

2011巴黎G20财长会议

全球瞩目的二十国集团财政部长和央行行长会议于当地时间2011 年 10 月 15 日在法国巴黎闭幕,此次会议是在全球经济尤其是欧债危机深度演化的背景下召开的,吸引了各方关注。

会上,各成员国财政领袖支持欧洲方面所列出的对抗债务危机的新计划,并呼吁欧洲领导人在 23 日举行的欧盟峰会上对危机采取坚决行动。

此外,与会各方还通过了一项旨在减少系统性金融机构风险的大银行风险控制全面框架。

在本次财长会上,全球主要经济体对欧洲施压,要求该地区领导人在当月 23 日的欧盟峰会上"拿出一项全面计划,果断应对当前的挑战"。

呼吁欧元区"尽可能扩大欧洲金融稳定基金(EFSF)的影响,以便解决危机蔓延的问题"。

有海外媒体报道称,欧洲官员正在考虑的危机应对方案包括:将希腊债券减值多达 50%,对银行业提供支持并继续让欧洲央行购买债券等。

决策者还保留了国际货币基金组织(IMF)提供更多援助,配合欧洲行动的可能性,但是对于是否需要向 IMF 提供更多资金则意见不一。

当天的会议还通过了一项旨在减少系统性金融机构风险的新规,包括加强监管、建立跨境合作机制、明确破产救助规程以及大银行需额外增加资本金等。

根据这项新规,具有系统性影响的银行将被要求额外增加1%至2.5%的资本金。

二十国集团成员同意采取协调一致措施,以应对短期经济复苏脆弱问题,并巩固经济强劲、可持续、平衡增长基础。所有成员都应进一步推进结构改革,提高潜在增长率并扩大就业。

金融峰会

二十国集团金融峰会于2008年11月15日召开,作为参与国家最多、在全球经济金融中作用最大的高峰对话之一,G20峰会对应对全球金融危机、重建国际金融新秩序作用重大,也因此成为世界的焦点。

金融峰会将达成怎么样的结果?对今后一段时间的全球经济有何推动?对各大经济体遭受的金融风险有怎样的监管和控制?种种问题,都有待回答。

第一,拯救美国经济,防止美国滥发美元

目前美国实体经济已经开始衰退,为了刺激总需求,美联储已经将基准利率降到了1%,并且不断注资拯救陷入困境的金融机构和大型企业,这些政策都将增加美元发行,从而使美元不断贬值。

美元是世界货币,世界上许多国家都持有巨额的美元资产,美国

【走近二十国集团】

如何拯救美国经济,防止美国滥发美元;要不要改革IMF,确定国际最后贷款人;必须统一监管标准,规范国际金融机构活动。这里对峰会做出的三大猜想,一定也有助于读者更好地观察二十国集团金融峰会的进一步发展。

滥发货币的行为将会给持有美元资产的国家造成严重损失。因此,金融峰会最迫在眉睫的任务应是防止美国滥发货币,而为了达到这个目的,各国要齐心协力拯救美国经济,这集中体现在购买美国国债上。

截至2008年9月30日,美国联邦政府财政赤字已达到4548亿美元,达到了历史最高点,因此,美国财政若要发力,需要世界各国购买美国国债,为美国政府支出融资。因此,G20的其他成员要步调一致,严禁大量抛售美国国债,只有这样,才能稳住美国经济,自己手中的美元资产才能保值增值。

第二,改革IMF,确定国际最后贷款人

查尔斯·金德尔伯格在其脍炙人口的《疯狂、惊恐和崩溃:金融危机史》里指出,最后贷款人对解决和预防金融危机扩散至关重要。如果危机发生在一国之内,该国的中央银行可以充当这一角色,但是如果其演变为区域性或全球性金融危机,就需要国际最后贷款人来承担这一角色了。

1944年成立的国际货币基金组织(IMF)就是为了稳定国际金融秩序而建立的一个国际最后贷款人。但是,IMF本身实力有限,只能帮助应对规模较小的金融危机,而且一直受美国利益的支配,在援助受灾国的时候,往往附加苛刻的政治条件,限制了受灾国自主调控经济的自主性,往往在解决金融危机的同时导致严重的经济衰退。

【走近二十国集团】

在国际范围内,既不存在世界政府,也没有任何世界性的银行可以发挥这种功能,但是如果G20能够达成一种世界性的协议,共同应对更大规模的危机(例如由美国次贷风暴所引发的金融危机),将成为一种次优选择。

在这次峰会中,G20其他成员,尤其是新兴经济体将更多地参与到IMF改革中来,包括要求更多的份额、在决策中拥有更多的发言权等。但是IMF的问题还不止于此。IMF成立之初主要为了应对贸易赤字所带来的国际收支失衡,但是今天的问题是资本流动成了影响一国国际收支的主要因素,在巨量的资本流动面前,IMF发挥的"救火"功能十分有限。在这种情况下,应确定规模更大的、协调功能更好的、能应对巨额资本流动冲击的国际最后贷款人。

第三,统一监管标准,规范国际金融机构活动

这次危机的根源之一是美国金融监管过度放松。作为金融全球化的主要推动者,美国对其金融机构和金融市场创新的监管越来越宽松,在这种宽松的环境下,其投资银行、商业银行和对冲基金等金融机构高杠杆运营,在全球其他国家攻城略地,屡屡得手。例如,1992年的英镑和里拉危机,1997年的亚洲金融危机,在很大程度上都是对冲基金兴风作浪的结果。由于这些机构在全球运行,可以通过内部交易或者跨国资本交易来逃避世界各国的金融监管,因此,统一监管标准,规范国际金融活动,就成了除美国之外,G20其他成员的共同心声。美国也想加强金融监管,但是它更清楚要掌握监管

规则制定的主动权。如果放弃主动权,美国在国际金融体系中的霸权地位将会被极大撼动,这是美国金融资本所不愿看到的,而这也恰恰是G20其他成员的金融资本所诉求的。欧盟成员国在这个问题上早早表明了立场,预计在金融峰会上,美国或者置之不理,或者与G20中的欧盟成员国展开一番唇枪舌剑。经济和政治犹如一对孪生兄弟,如影随形。这次金融峰会不光要应对全球经济危机,更关系到美国相对衰落之后的全球利益调整。这个讨价还价的过程不是一次金融峰会就可以解决的,未来更多的峰会将接踵而来。目前,中国是世界上仅次于美国的第二大经济体,拥有全球最多的外汇储备,其他各国都盯住了中国的"钱袋子",更加关注中国的动向。中国应抓住这次世界经济和政治格局调整的机会,主动发挥大国的作用,参与国际规则的制定,为中国的崛起、为全球金融和经济的长治久安做出自己的贡献。

【走近二十国集团】

二十国集团成员涵盖面广、代表性强,该集团的GDP占全球经济的90%,贸易额占全球的80%,因此已取代G8成为全球经济合作的主要论坛。

第一章　千岛之国的钢铁巨龙

　　印度尼西亚素称"千岛之国",拥有一万多个大小岛屿,面积占东盟国家总面积的42.5%,人口2.2亿,是继中国、印度、美国之后的世界第四人口大国,也是一个多元种族、多元文化、多元宗教的国家。

财富小百科

　　在我们每个不同的人生阶段，都会制定各种不同的目标。从上小学的时候开始，我们就不停地在为自己制定目标，期末考试考多少分，我们会为了那个目标而努力地学习，实现目标的时候就会欢呼雀跃。就像为人生订立目标一样，在我们理财的时候制定理财目标，目标才会成为我们理财的原动力，从而加速我们赚钱目标的实现。

　　追求理想实现的愿望会因为每个人的性格不同而有所不同，欲望的强弱反过来也是对实现理想动力大小的体现，倘若我们实现梦想的欲望非常强烈，那么，我们就会克服一切困难，披荆斩棘走向光明。然而大家都知道，梦想的实现从来都不是一蹴而就的，把梦想分解为每个阶段，当第一个阶段的目标达成的时候，自然而来的成就感和自信心就成了下一阶段目标的动力源泉。

第一节 印度尼西亚的钢铁工业

钢铁工业是最重要的基础工业，是其他工业发展的物质基础。有了钢铁，就使得国民经济有了身躯与翅膀。同时，钢铁工业的发展也有赖于煤炭工业、采掘工业、冶金工业、动力、运输等工业部门的发展。由于钢铁工业与其他工业的关系十分密切，因此许多国家都把发展钢铁工业放在十分重要的地位。钢铁工业已成为东南亚的重要支柱产业，而且发展速度越来越快，其中需求增长最快的当属泰国和越南。印尼钢铁工业起步较晚，基础薄弱，钢铁产量落后于马来西亚和泰国，但近年来钢产量也有较大增长。

印尼钢铁工业发展有一个曲折过程。1970年铁产量只有1万吨。1980年全国最大钢铁企业喀拉喀托钢铁公司 (PT Krakatau Steel)建成投产，钢铁产量开始上升，铁产量1980年增加到36万吨，1992年大幅度上升至221万吨。1980年全国钢产量100万吨，居全球第36位，为当年世界钢产量7.1032亿吨的0.14％。此后发展较顺利，1984年全国产钢120万吨，1991年达到310万吨，年均增长14.5％，1996年钢产量380万吨，可满足国内需求的55％，到1997年全国钢产量进一步增至420万吨。但1998年金融危机后，钢产量迅速下降，1999年产钢283

> **【走近印尼】**
>
> 印度尼西亚素称"千岛之国"，拥有一万多个大小岛屿，面积占东盟国家总面积的42.5％，人口2.2亿，是继中国、印度、美国之后的世界第四人口大国，也是一个多元种族、多元文化、多元宗教的国家之一。

万吨,2002年产钢280万吨。目前,印尼年均钢铁产量为550万吨,2008年钢铁产量为614.2吨。国内市场的钢铁消费量2008年为600万~700万吨,2009年838万吨,2010年增加到905万吨。印尼钢铁工业协会和印尼工业部预计,随着大规模基础设施建设的展开,未来5年印尼国内钢铁消费平均每年将增长8%,预计至2013年将达到1 000万吨,2015年估计为1 400万吨,2020年将达到2 100万吨。随着印度尼西亚经济的不断扩张,汽车、造船和机械工业将成为拉动该国钢材需求未来增长的主要推动力。因此,印尼钢铁工业必须不断发展才能满足不断增长的国内需求,否则印尼将更加依赖进口钢铁产品,这将造成其工业结构的全面疲弱。

目前印尼约有300家钢铁企业,从业人员25万人,年产能约600万吨,出口约180万吨(主要为特种钢),年人均钢铁消费量32千克。国有企业喀拉喀托钢铁公司年产能约500万吨,年产钢量占全国产钢总量的75%。喀拉喀托钢铁公司1996年曾产粗钢213万吨,

居全球大钢铁企业第92位，但1998年下降到160万吨，1999年180万吨，2000年230万吨，2003年仅产钢137万吨。2009年喀拉喀托公司生产钢240万吨，2010年为280万吨。喀拉喀托钢铁公司计划到2013年将该公司粗钢年产能提高到1 000万

吨，到2020年提高到2 000万吨，努力保持公司在印尼当地的市场份额不降低，同时大幅增加出口。2009年喀拉喀托钢铁公司的业绩受全球金融危机影响较大。1999年该公司总资产6.45万亿盾(1美元约10 000盾)，2008年总资产增加到15.37万亿盾，但2009年下降到12.64万亿盾，同期公司钢铁销售量从221万吨下降到211万吨，但公司纯利润2009年达4 910亿盾，比前一年的4 600亿盾增长了7%。公司销售收入1997年2.43万亿盾，1998年4.2万亿盾，1999年4.04万亿盾。公司预计2010年全年销售收入将达到21万亿～22

万亿盾，较2009年的16万亿盾增长29％，而与2008年的销售额基本持平。

此外，印尼还有13家生产钢坯和钢锭的工厂。到目前为止，印尼除喀钢外还没有建设高炉炼铁企业，也没有其他直接还原铁生产厂，电炉钢厂原料主要是国产和进口废钢，也进口部分海绵铁。比较大的炼钢厂和轧钢厂有：印尼伊斯萨钢厂（PT Essar Indonesia），是一座电炉短流程钢厂，年产钢规模70万吨；Gunung Garuda钢厂年产钢规模35万吨；Inti General Jaya钢厂，年产钢10万吨；HanilJaya钢厂，年产能力20万吨；Wahana Garuda Lestari公司，钢厂年产钢能力41万吨，其中棒材12万吨，其余外供连铸方坯；Jatim Taman钢公司：年产钢能力38万吨；Gunawan Dianjaya钢厂：民营企业，年产中厚钢板能力为40万吨；Essar Dhananjaya公司，年产钢20万吨。

印尼钢铁产量每年达600万吨左右，而国内需求量为800万～900万吨，以致仍须从外国进口200万~300万吨。1982年钢材进口量达195万吨，此后，随着国内需求量的减少和钢铁自给能力的提高等因素而下降，1987年只进口9万吨，各类品种均有减少。进口钢材中，日本产品占77％，尤其薄板、无缝管和焊管高度依赖日本。钢材出口量到1986年时还不到1万吨，但1987年因产钢能力增强，出口量一跃而达69万吨，50％以上为热轧带卷。尽管印尼钢材自给率逐步提高，但因进口钢板进行加工的厂商为数众多，致使钢材进口量一直大于出口量，每年从日本、韩国、俄罗斯、印度、中国等国进口钢材以弥补需求不足。2004年，印尼生产钢材240万吨，同比增长22％，实际消费钢材470万吨，缺口230万吨。2005年进口板材、长材

【走近印尼】

独立以前印尼曾长期为荷兰殖民地，在荷兰统治时期，印尼成为荷兰等外国资本重要的投资场所、原料供应地和商品销售市场，经济是单一的热带种植业。

分别增长15%、10%。2007年进口600万吨钢材，由于预计2009年印尼政府将限制钢铁进口，许多印尼钢铁进口商大量进口囤积钢铁产品，以期在限制进口后能高价抛售，结果，2008年印尼国内进口钢铁量达到1 000万吨。进口钢铁所花外汇仅2008年1～11月就达109.5亿美元，与2007年同期相比增长118%。2008年前11个月的进口增长使得供货堆积继续增加，国内市场钢铁库存积压严重。印尼钢铁工业协会与工业部预计当地市场的钢铁供应过剩约为60万吨，这一数据几乎相当于国内每年600万吨的生产量的10%。据印尼中央统计局统计，印尼2008年进口的钢铁产品中，72%为钢卷、钢坯、生铁和废钢，进口额为82.9亿美元，28%为热轧板卷(HRC)、热轧镀层板(HRP)、冷轧板卷(CRC)、线材、螺纹钢、管材，进口额约33.5亿美元。由于贸易保护主义的加强，印尼2009年钢材进口量下降至188万吨，同时，印尼钢铁产能利

用率从20%～40%提高到60%，到2010年进口数量将增加到320万吨。

印尼钢材的主要用途：电站等项目大量使用各种管材，桥梁等基础设施主要用线材、螺纹钢和角钢，汽车工业所需的各种钢铁板材，造船所需的特种钢板。作为钢铁最大消费者之一的国营电力有限公司，2007~2010年订购了8.8万吨钢铁，以便用于爪哇与爪哇以外输送电力的电线杆架构，其用量分别为2.2万吨供爪哇及6.6万吨供爪哇以外地区所需。印尼消费钢铁最多的部门是电器工业和汽车工业，每年进口量达100万~150万吨。随着印尼近年来基础设施建设日益增加，建筑钢材进口也随之不断增加。另外印尼还需要用钢铁板材制造各种日常生活用品，小至铁钉等。

印尼政府近年一直在努力增加国内钢铁产能，以求减少对进口的依赖。为此，政府近年来加强了与外国投资者和国内私营部门的合作，拟大力引进外资和私人资本发展钢铁工业。印尼政府特别欢迎国外投资者，如来自中国和印度的投资者，与印尼钢铁企业合作，开发利用印尼当地的铁矿资源。印尼政府希望到2013年国内钢铁生产能满足国内需求。

【走近印尼】

1945年8月印尼获得独立后，面临着保卫国家独立、建设民族经济的艰巨任务。在苏加诺时期，印尼人民与帝国主义、殖民主义进行了长期艰苦卓绝的斗争，最终战胜了帝国主义、殖民主义的侵略和颠覆。但由于长期处于战乱，国内政局不稳，加上苏加诺政府长期实行错误的经济政策，使得苏加诺执政时期在发展经济方面建树不多，许多经济问题没有得到妥善处理。

印尼喀拉喀托国营钢铁公司正加紧与韩国最大钢铁企业浦项制铁公司(POSCO)磋商，力邀浦项投资印尼，就生产高附加值钢铁产品进行合作。之前浦项对投资于印尼钢铁上游工业颇感兴趣，已在加里曼丹投资经营一家矿业公司。2009年12月2日，韩国浦项制铁公司与印尼喀拉喀托国营钢铁公司就合作建厂事宜取得共识，将在印度尼西亚爪哇岛西北海岸的芝勒贡(Cilegon)投建年产600万吨规模的综合钢厂，生产热扎卷板、钢板以及板坯，工程分为两期，全部投资60亿美元，预计在2014年建成投产。双方仍在进行谈判，讨论关于股本、筹募基金、经理构成、产品销售等。目前分歧主要集中在如何评估土地资产价值以及股权结构分配。起初浦项控制70%股权，喀拉喀托只拥有剩余的30%，但喀拉喀托要求在该合资企业的股权增至45%，而浦项制铁公司的股权降至55%。2010年8月5日，双方签订合作意向书，POSCO与喀拉喀托的控股比例分别为55%与45%，项目投资70%由POSCO承担，其余30%由喀拉喀托负责筹措。待整个项目投产后，印尼的钢铁进口量将减少20%。由于印尼具有丰富的铁矿石、煤炭等制铁原材料，因此有望成为浦项制铁重要的生产基地。

中国镍资源控股有限公司已在南加省投资2.2亿美元，设立曼丹钢铁公司(Mandan Steel)发展炼铁工业。中国南京钢铁集团有限

公司(Nanjing Iron and Steel)鉴于南加省盛产铁矿，计划投资10亿美元，在当地发展钢铁上游业务，将来还要把营业扩展至邦加勿里洞、明姑露万丹，以及丹格朗和苏甲巫眉等地。该企业成为自中国镍资源控股有限公司投资2.2亿美元以来，第二个在印尼大规模发展炼铁工业的中国私营企业。工程建竣后每年可生产大约100万吨的铁锭，而长期目标是年产200万吨铁材。

全球最大的钢铁集团安赛乐米塔尔公司(Arcelor Mittal，年产钢材1.33亿吨) 计划投资60亿美元，与印尼多种金属公司(AnekaTambang)合作开发矿产，并与印尼喀拉喀托钢铁公司合资新建两家钢铁厂。目前双方正在协商中，厂址可能选在巴苏鲁安和万丹省，并为此已经购置巴苏鲁安100公顷土地，万丹省厂址亦在选择之中。按照计划，两家新厂年产能均设计为200万吨。钢铁厂的实体工程在2011年开始进行，希望能在2013年正式投入生产。安赛乐米塔尔早先计划投资100亿美元，收购喀拉喀托钢铁

公司49％的股份，但遭到喀拉喀托钢铁公司管理层和工人的反对而放弃。米塔尔公司早在1976年就在印尼东爪哇徐图阿祖成立了PT．IspatIndo钢铁公司，目前钢铁年产量70万吨。

【走近印尼】

自印尼独立以来，生产下降，粮食缺乏，经济发展速度缓慢，外汇储备枯竭，财政年年赤字，债台高筑，就业不足，失业者与无业者对政府极为不满，国民经济陷于严重困难之中。

世界第5大钢铁公司印度的TATA钢铁公司推迟了在印尼投资计划，该公司原计划在印尼南加省投资5亿美元建设年产100万吨的钢铁厂。考虑到世界经济形势的变化，TATA集团总公司已开始减少在全球的扩展行动，其中包括削减在印度以外的钢铁厂收购计划。

第二节 钢铁业存在的主要问题
与政府的保护措施

钢铁产能明显不足,不得不长期依赖进口。与国际钢铁生产厂家相比,印尼钢铁产业最主要的问题是产品缺乏竞争力,无法与国外产品竞争。因此,印尼钢铁工业应该继续改善生产率、提高生产效率和改善生产技术。

1.大部分钢铁企业规模小,技术落后,设备陈旧,难以形成规模效应。印尼钢厂多处于小集团个体生产状态,规模较小,与欧美及东南亚泰国、马来西亚的大型企业相比并不具有优势。以喀拉喀托钢铁公司为例,其大部分的生产设备多为20世纪七八十年代的设备。在过去的10年中,印尼的钢铁企业未能进行设备更新改造,生产能力和技术水平未能得到提升,加上目前印尼商业银行的贷款利率为美元4%～8%,印尼盾11%～20%。较高的贷款利率使得印尼钢铁企业负担沉重,技术更新缓慢,创新能力差。

2.影响印尼钢铁工业发展的不利因素还有钢材国内消费量低。虽然绝大多数东南亚国家人均钢材消费量均处

【走近印尼】

自从1950年以后,印尼国内多个部门的生产和投资额都呈下降趋势,1950～1965年经济增长率年均1.7%,而人口增长2%,是世界上少有的几个人口增长速度快于经济增长速度的国家;同期人均GDP由65美元增加到90美元,15年时间只增长25美元。

于较低水平，但除马来西亚和泰国人均钢铁消费量大大超过印尼外，越南也达到66千克，菲律宾为36千克，而印度尼西亚仅为32千克。钢消费水平如此之低，大大制约了钢铁生产企业在占领国内市场的基础上发展壮大。虽然钢材消费量低是发展中国家普遍存在的现象，但如果有更好的市场战略，就能增加对钢材的需求。当前印尼扩大国内需求的机会主要在建筑、汽车、家用电器和造船等行业。

3.印尼钢铁业的发展受到原料供应紧张的制约。印尼的部分钢铁生产原料不能自给，通过进口来补充，新投资的供国内钢铁生产用的铁矿石和煤炭基地近期内尚不能投产。印尼铁矿储量不多，钢铁原料缺乏，废钢铁成为其钢铁工业最重要的原料。印尼每年仍需从国外进口200万吨铁矿砂。虽然印尼国内自然资源丰富，生产钢铁的原材料也多有分布，但由于印尼自身的体制等方面的原因，目前还不能完全自给。如印尼铁矿主要分布在爪哇岛南部沿海，西苏门答腊、南加里曼丹和南苏拉威西，总储量为21亿吨，但开发利用较少。从事铁矿生产的企业主要有印尼国营矿业公司和印尼铁矿砂公司，年产量仅几百万吨。印尼铁矿不出口，主要满足国内需求。总之，印尼钢铁产品生产成本高的情况近期内不会有明显改善，国产钢铁和进口产品的价格差也不会明显缩小。

4.印尼钢铁行业还受到了行业供应链结构不合理的影响，使原料缺乏问题更加突出。如印尼炼

钢产量低于热轧产能,因此每年需要进口大量板坯和方坯,才能平衡炼钢产能的不足。印尼的中厚板厂和热轧板厂每年从世界各地进口板坯,满足自身的生产需要,廉价进口方坯已成为印尼棒材、钢筋生产商的首选。此外,钢板轧制设施也严重不足,当地一些冷轧板厂也从其他地区进口部分热轧卷,下游用钢行业还急需高品质冷轧薄板。印尼钢铁产品品种也较为单一。印尼钢铁企业的产品主要为热轧板卷,冷轧板卷;多数钢铁企业经营不善,资产需要进行拍卖重组,但目前重组工作尚未完成。

　　2008年金融危机发生以来,印尼国内市场需求疲软,企业资金周转困难,原材料价格上涨。由于全球钢铁需求减少,印尼最大

的钢铁厂喀拉喀托钢公司2009年1月份亏损达3 167亿盾(2 600万美元)，而该公司2008年还获得净利3 050亿盾。2009年4月第二周，国际钢铁价格下跌至最低水平，热轧钢价格暴跌24%至每吨380美元。2009年第一季度，印尼钢铁消费量同比下降25%。国内钢铁企业产品严重积压。印尼钢铁企业产量只达到其最大产能的40%。喀拉喀托钢公司已有部分工厂停产，而国内其他两家较大的钢铁企业——Essar Indonesia公司和Gunung Garuda公司也在2008年第4季度将产量削减20%~25%。伴随着全球金融危机，世界各国需求疲软导致印尼工厂减产，印尼钢铁行业在2008年第四季度以后9个月内裁减员工2.4万名，20多万名印尼钢铁业工人中，至少有12%已经失业。

2006年6月28日，应印尼喀拉喀托钢公司的申请，印度尼西亚反倾销委员会对原产于中国、俄罗斯、泰国、印度和

【走近印尼】

　　农业的年均增长率为1.4%,矿业的年均增长率为2.1%,制造业的年均增长率为2.1%,建筑业的年均增长率为-1.3%,运输业的年均增长率为0.8%,商业的年均增长率为3.8%,其他服务业的年均增长率为2.8%。

中国台湾地区的热轧板卷进行反倾销调查。印度尼西亚财政部最后决定对中国、印度、俄罗斯、泰国和中国台湾热轧板卷征收反倾销税,对中国的反倾销税率为42.58%,印度56.51%,俄罗斯49.47%,泰国27.44%,中国台湾37.02%。征收反倾销税之后,上述5个国家和地区到印尼的热卷价格每吨超过1 000美元(C8LF)。而在印尼政府调查期间,进口价格仅为每吨900美元。2008年11月11日,应印尼喀拉喀托钢公司的再次申请,印尼对原产于中国、中国台湾和马来西亚的热轧钢板进行反倾销立案调查。2009年4月7日,印度尼西亚拟对原产于韩国及马来西亚的热轧板卷进行反倾销调查,倾销调查期为2008年1月1日到2008年12月31日。4月1日起,印尼对202种钢铁产品实施新的进口监管条例。根据该条例,只有登记注册过的制造商才能进口槽钢、钢片等202种印尼可以自己生产的钢铁产品。另外,针对近些年来钢材走私猖獗的现象,印尼工业部表示加大稽查走私钢铁的力度,以配合政府保护本国钢铁工业的举措。

　　自2003年起,中国钢铁产品在印尼市场迅速发展,据印尼工业部统计,2003年中国钢铁占印尼市场份额为4.3%,印尼从中国进口量为6.15万吨。2008年中国钢铁在印尼的市场份额已达到19.3%,进口量为67.72万吨。2009年中国向印尼出口钢铁55.4万吨,2010年达到150万吨,增长170%,中国钢铁产品市场占有率将达到53.125%。由中国出口至印尼的钢铁产品主要为第72类和第73类。

第三节　印度尼西亚钢铁业发展潜力

印尼钢铁厂建设已有一定基础,从长远来看,无论是对钢铁的需求还是钢铁生产的发展都有较大空间。印尼目前钢铁工业虽不景气,但有良好的发展前景。

1.印尼处在经济发展的初级阶段,人均钢材消费量处于较低水平,未来增长潜力巨大。印尼虽是一个人口众多的东南亚大国,是东南亚最大的经济体,但每年仅能消费约900万吨钢材,2010年年均耗钢量仅为约35千克／人,是世界人均年耗钢量140千克的1／7,马来西亚高达500千克,韩国则为100吨人均钢铁消费水平。预计2024年印尼才能达到100千克／人,仍远低于国际水准。如果按照世界人均耗钢量计算,则印尼每年钢铁消耗量将达3 000万吨左右,目前的钢铁生产能力远不能相适应,有广阔的发展前景。

2.印尼是一个能源丰富的国家,石油、天然气、煤炭资源均很丰富,也有较多的铁、锰、铬、镍等矿藏,这是发展钢铁工业很好的基础条件。同时,国内基础设施建设大规模展开,苏西洛第二任执政期间经济政策的一大亮点体现在对基础设施建设的强调。他承诺将在第二任期内,把10％的财政预算用来投资基础设施建设,其中用于公

【走近印尼】

在20世纪50年代,印尼政府预算赤字保持在收入的10％～30％之间,20世纪60年代早期,预算赤字高达政府总支出的50％,在20世纪60年代中期上升到了100％。1965~1966年,印尼经济上的各种大危机同时爆发。

路、港口、桥梁等方面的开支将增加一倍,达到1 400亿美元。2010计划投入约合93.6亿美元财政预算支出用于港口、机场、铁路、公路桥梁学校和农田灌溉建设。印尼正处于由农业化向工业化过渡的时期,制造业、农业设施及全国的基础建设都需要大量的钢材来支撑。随着钢铁产品下游行业如汽车、房地产、家电、机械、造船、公路铁路等的加快建设,将为钢材市场创造出更大的消费空间, 从而对钢铁产业产生较大需求。此外印尼是一个千岛国家,地处赤道,到处是良好的港口,海运极为便利,为进出口矿产品和成品提供良好条件。因此印尼可充分利用国内国外两种矿产资源发展本国钢铁生产。

3.印尼现有钢铁厂大多是小型厂,但喀钢是利用相当多的发达国家设备、建设和管理经验建设起来的具有相当规模的钢铁企业,许多技术人员和工人在国外经过培训,多年来聘有外国专家进行技术和管理指导,目前喀钢公司的管理是有相当水平的,其

他一些钢厂虽然规模不大但有中厚板、冷轧带、涂层产品、棒线材、型材、焊管等品种比较齐全,具有一定数量的人才,是进一步发展钢铁生产的良好基础。就钢板、钢管、钢条、钢筋、钢丝、电镀钢板等下游产品的生产而言,印尼也有一定的能力。

4.东南亚国家签订了东盟自由贸易区(AFTA)协定。东盟自由贸易区协定旨在有效减轻东盟国家之间的贸易壁垒。根据在钢铁工业领域已经达成的新的协议,区域内钢铁企业的整合旨在促进区域贸易,吸引外界对钢铁工业的投资,刺激内部需求,最终促进东南亚国家经济增长的目的。东盟自贸区的建立,有利于钢铁工业的上游行业吸引新的投资,对当地资源(铁矿石、煤炭、天然气)的投资将会逐渐活跃起来。东盟自由贸易区的建立将为东盟的钢铁企业(或新的投资者)提供优惠政策,以便于当地企业能够提供与外国产品相比更具价格优势的产品。同时,自由贸易协定将吸引新的投资以平衡钢铁工业产能。东南亚国家自由贸易区建立后,未来从第三地进口钢材很难与本地无关税钢材竞争,由此,这也将激励投资者投资钢铁业。况且,东南亚刚刚开始进入工业化发展的加速阶段,经济显著增长将推动钢材需求增长。短期内,开发东南亚市场、投资印度尼西亚的钢铁业极具投资价值。

印尼的钢铁工业也面临一些钢铁产业的共性问题,如能源供应不能保证,运输能力不能保障,市场秩序不够规范,软环境建设欠缺,等等。要将发展钢铁工业的巨大潜力转化为现实生产力,就钢铁业本身而言需要研究的课题仍有许多。

对印尼钢铁企业而言,首先应该积极推广和运用先进、成熟的节能减排新工艺、新技术以提高资源能源利

> **【走近印尼】**
>
> 印尼1965年赤字高达300%。出口收入急剧下降,通货膨胀率奇高,1965年出现650%的恶性通货膨胀,比10年前上涨65倍。实际稻米的价格上涨了900%,民不聊生。农村大片土地荒芜,粮食不能自给,多次出现米荒。工厂的开工率只有20%,交通瘫痪。

用效率,减少污染排放,如干熄焦、高炉干法除尘、转炉干法除尘技术以及生产过程可燃气体、工业用水和固态废弃物综合利用技术等;积极开发节能环保新工艺、新技术如非高炉炼铁技术、薄板坯连铸连轧技术等,抢占钢铁环保工艺技术的制高点。当前最紧迫的是提高现有钢铁企业生产效率,发挥现有设备潜力,如喀钢现有65吨电炉4座,130吨电炉6座,2003年仅生产137万吨钢,历史最好产量也不足300万吨。因此,可合理调整各生产工序,进一步发挥现有设备能力;努力开发高强度钢等绿色产品,满足、引领下游产业绿色化的要求,建立面向未来的竞争优势。

其次,确保钢铁业的能源供应。印尼石油天然气资源丰富,但由于该国2004年开始成为石油净进口国,因此其在世界能源市场上的未来取决于其作为天然气生产国的潜力。印尼的天然气储量是其石油储量的3倍,是亚洲最大的天然

气生产国。印尼虽然具有丰富的天然气资源，但一要作为人民日常生活需要，二要用作化肥、化工等产业，三是电力工业所必需，印尼许多电厂均用天然气作燃料，因此能用于钢铁工业的不仅数量不足，而且价格也较贵 (0.9美分／立方米)，因此印尼钢铁界有转用煤的打算。印尼煤炭资源丰富，最近已成为世界第二大煤炭净出口国。国家开始实行新的煤炭政策，促进煤炭资源的开发，以长期满足国内需求并促进煤炭的出口。同时，印尼煤炭质量好，表现在低灰、低硫、低水分和高发热量，有"环保煤"的美誉。煤炭取代石油和天然气，成为印尼钢铁业的主要动力能源，将是确保钢铁业能源供应较为现实的选择。

再次，面对全球性资源与环境压力，钢铁业必须改变传统的资源消耗型发展方式，采取资源循环利用型发展模式。除部分废钢外，印尼的生产钢铁原料均靠进口，而本身的铁

【走近印尼】

　　数年来，印度尼西亚的外债持续上升，1965年外债总额达到23亿美元，国内外汇储备枯竭。

矿资源，一是勘探能力不足，二是已采明矿藏均未形成规模开采，三是由于已发现铁矿主要是两种类型，一为含镍、铜的红土矿，二为海边的钛铁矿砂，在选矿方面有一些难题需进行研究。近年全球资源价格的持续上涨对钢铁工业的持续发展已经形成了巨大的成本压力。以铁矿石为例，2003年以来全球铁矿石价格连续7年大幅上涨，铁矿石价格已经由2000年的17.8美元／吨上涨到2010年的100～110美元／吨。此外，各国(地区)越来越严格的环保政策、法律以及全球性协议，也对钢铁工业提出了越来越严格的环保要求。资源和环境的压力迫使钢铁业只有改变发展模式，才能获得生存与发展的空间。当前，印尼国内铁矿资源的勘探需进一步加强，对已探明储量达2亿吨以上的多处红土矿及钛铁矿砂的选矿和冶炼试验工作需要抓紧进行，特别是当前世界性铁矿资源需求日益扩大、价格不断上涨的时候，更应抓紧这方面工作。面对全球性资源环境压力，可持续发展已经成为全球先进钢铁企业，包括印尼钢铁业应对挑战，寻求未来竞争优势的共同选择。

第四节　财富达人的致富之道

黄金分割线理论源自于古希腊毕达哥拉斯,他认为,如果一条线段的某一部分与另一部分之比,正好等于另一部分与整个线段的比即0.618,那么就会在视觉上给人一种美感。之后,这一理论被命名为"黄金分割理论",它在摄影、艺术、绘画以及人体美学等领域都有着极大的作用。不但如此,黄金分割线在家庭理财中也有着神奇的效果,利用黄金分割线可以使资产安全地保值和增值,这也是"80后"理财需要掌握的一个技巧之一。

1.投资负债保持黄金比例分割

适当的负债可以利用投资杠杆来创造更多的投资机会,但是个人或家庭的经济状况不同,其所能承受的负债限度也是有着较大的差别的,负债的大小也是财务风险之一。一般而言,家庭资产和负债无论怎样变动,投资与净资产的比率(投资资产／净资产)和偿付比率(净资产／总资产)总是约等于0.618,财务状况就会相对稳定。

【理财密码】

如果一旦发现个人或家庭的负债比率超过了所能承受的范围,可以通过一些财务策略的改变来缓解负债压力。例如,我们可以更改房贷的还款方式,将原来的等额本金还款更改为等额本息还款,或向银行申请延长还款时间。当然,也许在某种程度上这还能激发我们更努力地赚钱,提高自己的收入,因为收入高了,还款的压力自然也就小了。

【理财密码】

合理的投资与负债黄金分割比例，能达到理财投资的理想增值，而相反，当投资与负债比例小于黄金分割比例时，就意味着投资存在着一定的风险。

信用卡消费也是促使很多"80后"存不到钱的关键因素，因此，要减少负债压力还必须从源头上控制过度消费，如可以取消多余的信用卡，控制信用卡的透支额度，减少信用卡购物的使用频率等，都能增加财富的积累速度，将资产与负债比例保持在安全的范围内。

这里建议"80后"理财可以根据自己的收入水平和收入增长潜力，在不同年龄段给自己制定一个较为合理的负债比例指标。

2.找到适合自己的黄金分割线

下面，我们就来看一个实例。

陈先生是一家公司的部门经理，以下为他的家庭资产状况：

家庭总资产：105.5万元

住房欠款：28万元

净资产：78.4万元

投资资产（银行储蓄除外）：39万元

2010年6月，陈先生看中了一套面积为120平方米的房产，这套房屋的价格为90万元。但是以当时陈先生的经济状况，去掉首付30万元，要购买这套房屋还需要进行贷款。如果对陈先生的资产状况做进一步的分析，其实陈先生购买这套房屋并不划算。

假设陈先生购买了这套房屋，那么他的资产状况就有了以下变化：

家庭总资产：105.5+90=195.5万元

净资产：78.4+30=108.4万元

投资资产（银行储蓄除外）：39+30=69万元

投资资产与净资产的比例为69÷108.4=0.636，这一数值超过了黄金分割比例0.618，陈先生的家庭资产状况维持在合理的范围之内。但是，如果计算陈先生家庭的偿付比率，即108.4÷195.5=0.554，可以发现这一比率远远低于黄金分割线0.618。这就意味着一旦楼市不景气，就容易发生资不抵债的情况。因此，从这一角度来说，陈先生购买这套房屋还是存在一定的风险的。

案例："80后"白领"懒人"理财法

苏小姐是一家传媒公司的文员，工作已经有两年多了，虽然对于理财并不是很懂，但她也有自己的一套"懒人"理财法。

2008年苏小姐大学毕业，那时正值炒股最火的时期，她把自己上大学几年存下的1 000元零花钱投入到股市中。她以5元、4.7元分别买入了中科合臣与众和机电两只股票，期待在牛市中也能赚上一笔。但是没想到，在买入后，这两只股票的起伏很大。一看到股票下跌，她又急忙追加资金。不过还算幸运，股票没有大幅度地下跌，虽然收益不是很乐观，但也算小赚了一把。在尝到股市的风险后，苏小姐觉得这种风险较高的投资品不太适合自己，于是决定退出股市。

现在，工作已经两年多，苏小姐也存下了一定的积蓄，但是把钱存在银行里每年只能拿到几十块钱的利息，她还是想把钱拿出来做一些投资，让钱生钱。但是苏小姐思前想后不知道该把钱投在什么地方。做股票风险大，而且不好掌握；购买银行理财产品又相当于把资金"冻结"，不能灵活使用，一旦浮动过大，保本都很难。

经过一番比较后，苏小姐选择了基金定投。因为这种投资方式门槛低，风险小，即使亏了也不会太心疼，而且操作起来也非常方便，很符合像苏小姐这样的白领人

【理财密码】

投资回报率的计算方法较为简单，它是收回的投资收益与原始成本的百分比。例如，以60万元的价格购入一套80平方米的两居室，再以70万元的价格转卖给别人，那么10万元便是你的收益，它与60万元的百分比17%就是投资回报率。

士的投资需求。

苏小姐现在就给自己的投资做了一个规划,把工资大头存入银行,除去每月的开销零用外,另一部分就用来做投资。苏小姐说,做基金定投很方便,只要看看每月的基金走势,如果高,就打电话通知银行少买进一些,走势低,就多买进一些,比较自由。从开始投资到现在,苏小姐已经净赚了近500多元,这显然比一年的储蓄利息高得多。

苏小姐建议大家,投资要根据自己的财务状况来选择,如果自己的经济实力无法承受那些具有高风险的投资,就可以选择一些相对保守的稳健型小投资,这样不至于让自己提心吊胆。

投资的最终目的是获得一定的回报,因此,投资回报率就是对投资效益的一种衡量。在一项投资中,投资者所付出的其实不仅仅是资金上的投入,还包括在这项投资中所花费的时间、精力以及为了该项投资而放弃其他可以创造价值的机会成本。

投资者要求的投资回报一般主要取决于投资风险的大小,通常高风险往往意味着高回报,投资回报率越大,投资风险也越高。因此,在进行一项投资时也不要只被它的高额回报所诱惑,这背后所要承担的风险不是每个投资者所能承受的。尤其对于现在很多没有太多的经济实力,只凭一股牛劲在投资领域中打拼的"80后"来说,投资回报率在决定是否要进行该项投资中是不具备很强的说服力的,还必须要结合它所要承担的风险概率来定夺。

第五节　财富名人榜——李文正

1929年,李文正出生于印度尼西亚东爪哇的玛琅镇,祖籍是中国福建的莆田。在中学时期,他担任东爪哇华侨学校学生会主席,因组织学生参加反抗荷兰殖民者的斗争,并帮助开展宣传、运送药物,被荷兰殖民地政府逮捕入狱。1947年被驱逐出境后,他返归故土,考入南京的中央大学哲学系。1949年他来到香港。

1960年的一个晚上,因营运不佳而濒临倒闭的基麦克默朗银行的经理皮拉马·沙里,受到误传的影响,登门拜访李文正,请求李文正投资20万美元拯救这家银行。从当时的情况看,基麦克默朗银行的生机似乎十分渺茫,而李文正腰包里只有2 000美元,但他当机立断,大胆地接受挑战,答应筹措这笔资金,从此开始了他银行职业家的生涯。

1975年,李文正由于与部分股东不和而辞去了印度尼西亚银行执行总裁的职务。此前,由于他在金融事业上频频告捷,早已引起他的同乡——印尼首富林绍良的注意。他刚一辞职,林绍良便邀他出任中央亚细亚银行董事及总经理。仅仅3年,中央亚细亚银行就成为印度尼西亚最大的私营银行。到1983年,中央亚细亚银行的资产总额比原来增加332倍,存款额增长1 253倍,在全印尼设有32处分行,遍布印尼各大城市,形成全国最大的私人银行网。在中国台北、香港、澳门地区以及新加坡、美国的加州、纽约州、阿

肯色州也都设有分支机构。至此,中央亚细亚银行已成了公认的东南亚最大的银行。

1988年,李文正与林绍良再度合作,创立了力宝集团公司,主要拓展海外业务。该集团由李文正任董事长,除李文正和林绍良是大股东外,印尼总统苏哈托的长子和长女也各拥有16%的股权。如今,力宝集团在国内外的资产已超过60亿美元,属下有40多家公司,其业务范围十分广泛,包括金融、房地产、制造和修理业等。仅1992年,力宝集团在香港的纯利润就达2.11亿港元。

名人故事

　　早在中学念书时,李文正每天上学时都要路过当地的"荷兰小公银行"。看到银行办公大楼巍峨矗立,银行职员个个服装整洁,风度翩翩,来来往往,忙忙碌碌,他想:"能在银行工作一定很痛快舒适。"晚上放学回家,李文正就对他的爸爸说:"我将来能成为一位银行家吗?"实际上,他父亲在雅加达开了一家蜡染店,生意尚可。父亲有意让他继承家业,却从来没想到把儿子培养成银行家。父亲训斥他说:"你这个人就爱幻想。只有有钱人才能当银行家,你照照镜子看你自己是什么人。"但李文正却争辩说:"爸爸,银行家并不是买卖钞票,而主要是买卖信用。因此,如果一个人能被信任,他就能够成为银行家。"恰恰就是李文正对银行的认识,也是被李文正所奉行半生的银行哲学成就了他的银行霸业。

第二章 千岛之国的财富龙头

汽车产业是印尼重要的经济支柱，该产业总投资额超过 70 亿美元，并给印尼国民提供了超过 30 万个就业机会。印尼已成为继泰国、马来西亚之后的东南亚第三大汽车市场。随着外资对印尼汽车工业投资的增长以及印尼汽车自身的快速发展，预计今后 10 年，印尼汽车及相关产业的发展将进入快车道。

　　俗话说知己知彼方能百战不殆,想要在实现理想这场战役中取得最终胜利,那么你首先要做的就是充分了解自己的现状。制定理财目标之前,你必须得知道自己现有多少钱,平时开销大概是多少,可以拿多少钱去理财投资,自己对于理财产品风险的承受能力是多少,只有在充分了解自己的现状之后,你才能为自己制定完全可以实现的目标。避免目标制定得过大,难以实现,或者订立得太小,根本没有实现的意义的情况出现。

　　很多人还是做着这样一夜暴富的美梦,觉得自己一觉醒来昨天买的彩票就中了500万,并且坚信这样的好运会降临到自己的身上。或者是明明知道自己是回避风险的,可是为了高收益去买了一只风险很高的股票,自从买到手后自己每天都生活得诚惶诚恐。

第一节　印度尼西亚汽车产业

　　汽车产业是印尼重要的经济支柱,该产业总投资额超过70亿美元,并给印尼国民提供了超过30万个就业机会。印尼已成为继泰国、马来西亚之后的东南亚第三大汽车市场。随着外资对印尼汽车工业投资的增长以及印尼汽车自身的快速发展,预计今后10年,印尼汽车及相关产业的发展将进入快车道。

　　印度尼西亚汽车工业从业者主要包括零部件生产商、组装

厂、经销零售商、进口商、维修服务店等。该行业的发展轨迹是在政府的调控政策以及跨国汽车公司的商业扩张策略的共同作用下形成的。

印尼汽车业近年来发展较快，但印尼的汽车产业既没有自有品牌，也没有研发投入，更没有自有专利，因此印尼汽车工业主要集中在小轿车生产组装行业，市场上进口的大排量豪华汽车份额不到10%，小排量中低档汽车份额超过90%。目前印尼共有20家汽车装配厂，年整车生产能力为75万辆。有汽车零部件生产厂700家，从业人员8.4万。1996年印尼的汽车生产量为32.6万辆，1997年提高到38.9万辆，但由于经济危机，1998年减少到1997年的1／5以下，只有5.81万辆。其后，经济及政治逐步稳定，1999年8.9万辆，2000年恢复到34.5万辆，2002年达到35.4万辆，恢复到最高时90%的水平。2004年生产42.2万辆，汽车行业总产值增加了5.1%，并在2005年继续保持良好的发展势头。2005年生产53.3万辆，但2006年燃油价格提高导致汽车市场严重萎缩，汽车产量降到34.6万辆。过去两年印尼汽车生产波动幅度较大，2008年印尼生产的汽车数量为60.884万辆，2009年汽车产量降为46.4817万辆。随着消费需求增加，2010年前5个月印尼汽车产量达29.9万辆，同比增长53.87%。2010年印尼汽车产量可突破70万辆，同比增长50.6%，其中60万辆供国内市场，10万辆满足出口需求。预计到2014年印尼汽车产量将突破100万辆。

在亚洲金融危机发生之前，持续增长的市场需求拉动了印尼汽车产业的增长。1995和1996年，印尼汽车销售分别达到37.8704万辆和33.2035万辆。1997年印尼经济处于鼎盛阶段，全年汽车销售曾达到38.6691万辆。但在金融危机的打击下，印尼经济受到沉重打击，之后的几年里一直处于缓慢的复苏阶段。据印度尼西亚汽车工业同业公会统计数据显示，1998年印尼汽车消费量仅为5.8303万辆，1999年为9.3843万辆，均出现大幅下滑。2000年汽车销售量30.0984万辆，2001年29.9634万辆，2002年31.7780万辆，增长6%，但仍未达到金融危机前的水平。2003—2005年，印尼汽车销售量分别达到35.43万辆、48.3万辆和52万辆，增长速度仅次于中国。其中，2003年的汽车销售量比上一年增加10%，为35万辆，而2004年全国汽车销售突破45万辆，较2003年增加了36%，大大超过印尼汽车工业协会38.5万辆的预期目标，并超过1997年水平。由于国际市场原油价格飞涨，为避免国内油价大涨，印尼政府一直向石油行业提供巨额补贴，直至2005年10月油价补贴取消。由此引发了通货膨胀率上

扬,央行基准利率调高,消费者信心下挫等种种不利因素,导致2006年印尼汽车销量下滑40%,至31.9万辆。后来宏观经济形势持续好转,通货膨胀率逐渐降低,银行利率稳步下调,居民购买力不断增强,2007年印尼全国汽车销量达43.2万辆,同比增长35.48%。印尼2008年的汽车销售猛增40%,创下61.53万辆的纪录。2009全年全国汽车销售量48.61万辆,尽管比2008年降低20%,但与印尼汽车协会最初预测2009年将下降35%,汽车销售量仅能达到40万辆相比情况要好得多。阿斯特拉国际(AstraInternational)仍是印尼最大的汽车生产与销售商,2009年汽车销售量由前年的28.98万辆降为28.11万辆,在印尼的市场占有率达到58%。印尼汽车工业协会统计数据显示,2010年印尼汽车销量达76.471万辆,同比增长57.3%,印尼汽车销售量在2008年以后再次突破60万辆大关,达到70万辆以上,这是印尼汽车销售历史的最高纪录。销售上升的原因主要是印尼盾对美元兑换率的稳定、贷款利率降低以及持续向好的经济预期等。印尼机动车工业经济商预测,印尼的汽车销售在2010年达到一个新的高度后,近年超越马来西亚和泰国,成为东南亚最大的汽车销售市场。泰国2009年汽车销售为68万辆,2010年泰国的汽车销售预测达70万辆。2010年马来西亚汽车销量为60.5156万辆,同比增长12.7%,创历史新高。预计2011年印尼市场汽车销量将达到79.7万辆,比2010年增长4.3%。在2011年的第一季度,印尼汽车销售量22.5161万辆,与2010年的17.4014万辆相比增长了30%。

【走近印尼】
　　印尼制造业在国内生产总值中的比重:1953年占8.5%,1960年占8.4%,1965年占8.3%。建筑业在国内生产总值中的比重:1953年占1.6%,1960年占2%,1965年占1.7%。

　　印尼汽车贸易总量不大,但增长很快。2005年印尼汽车整车出口量达9.1748万辆,比2004年的4.599万辆增长99.49%;2005年汽车贸易总额15.82亿美元,同比增长43.9%。近年印尼汽车出口表现较为强劲,据印尼贸易部及汽车业协会统计,印尼整车出口(Completely built-up,CBU)2008年达到10.0982万辆,2009年受全球金融危机打击较大,全年出口下降为5.6669万辆。2010年1~8月汽车出口4.9427万辆,出口额达13.3亿美元,比2009年同期增长60%。尤其是8月份汽车单月出口7 279辆,与前一年同期相比增长122%。新兴市场如中东、巴西、泰国等成为拉动印尼汽车出口增长的主要动力。

印尼汽车市场主要由日本厂商控制,从20世纪70年代起日本车逐步在印尼市场取得主导地位,20世纪80年代日本车几乎将欧美车全部排挤出了印尼市场而独占鳌头。此后印尼市场基本上是清一色的日本车,日本汽车企业在印尼取得了极大成功。以丰田、三菱、铃木、本田、尼桑等品牌为代表的日本汽车组装厂在印尼已经处于绝对统治地位。目前,印度尼西亚汽车市场共有22种品牌及130种车型,丰田车仍为最畅销车种,其他还有三菱、铃木、本田等。2006年日本品牌汽车组装厂占据当地市场总量的90%,其中丰田为38.79%,三菱为14.75%,铃木为14.04%,本田为9.41%。日本汽车巨头已在印尼建立了独资或合资的组装生产线,大部分零配件生产也已本地化;印尼主要汽车生产厂家主要有:Toyota AstraMotor,印尼汽车市场主导者;Honda Prospect Motor,主要生产小型轿车;Suzuki Indomobil Sales,生产轿车,产品除内销外主要出口;Astra Daihatsu Motor,投资额大,投资额2万亿盾;Krama YudhaTiga Berlian,多生产三菱商务用车。日本品牌汽车之所以在印尼产销两旺,主要是因为经过30多年的经营,其销售和维修网络已十分完善,良好的质量和售后服务赢

【走近印尼】

印尼交通运输业在国内生产总值中的比重:1953年占3.8%,1960年占3.7%,1965年占3.5%。商业在国内生产总值中的比重:1953年占13%,1960年占14.3%,1965年占14.3%。其他服务业在国内生产总值中的比重:1953年占13.9%,1960年占13.7%,1965年占14.3%。

得了印尼消费者的信任；实力雄厚的日资背景金融、保险公司为
汽车买主提供灵活多样的消费信贷和保险业务。与欧美汽车相
比，日本车在性价比、售后服务及保养成本方面都占有明显优势。
除日本汽车外，印尼市场上还有德国宝马、奔驰、奥迪等品牌以
及美国、瑞典、韩国的多种品牌，特别是韩国汽车制造商——现
代和起亚过去几年一直在努力扩大印尼的市场份额，美国通用
公司也试图用Opel产品来占领印尼市场，但总体销售量无法与
日本车相比。

　　印度尼西亚汽车行业主要问题是市场为丰田（Toyota）、三菱
(Mitsubishi)、本田(Honda)及铃木(Suzuki)等大型日系厂商所垄断，
国内厂商仅生产国内可取得原料且需求较高的零配件，如轮胎、
铸件、蓄电池及部分塑料零配件等。印尼700家汽车零部件厂也远
低于泰国的1 000家。印度尼西亚政府正在加强对该产业的扶持
力度，希望在5年内，国内汽车业零配件可以达到80％的自制率。

第二节　政府对汽车产业发展的扶植政策

　　汽车工业的发展离不开政策的扶持。为了增强工业基础和发展高科技,印尼主要从国产汽车和国产飞机着手。在国产车方面,20世纪90年代以来,印尼结合国情对汽车的产业、资本、技术、税收等政策作出了调整和选择,以此来促进汽车工业的成长。印尼将汽车工业列入支柱产业予以扶植,并致力于提高汽车产业的国产化率,增加国产零部件的使用比重。为了保护民族汽车工业,印尼从1993年起开始积极推行汽车国化政策,政府采取了越来越

财富世界行
CAI FU SHI JIE XING

【走近印尼】

　　从经济结构来看，变化不大，印尼的农业产值仍占50%以上，而制造业产值占不到10%。

多的整车进口限制，只准许进口散件。后来又宣布要逐步减少进口零部件在国内装配汽车中的比重，直至完全不进口，印尼政府取消了零部件进口关税方面的优惠政策。同时，印尼为了长期、高效率扶植具备国际竞争力的汽车产业，将零部件产业、小型商用车(5吨以下)及摩托车，排气量在1500ml以下的微型汽车定为重点扶植领域。

　　从1993年起，印度尼西亚实行1993激励计划，这一计划的具体措施包括：根据国产化率和汽车的类型对汽车中使用的进口汽车部件减税或免进口关税；根据国产化率和汽车的类型对汽车中使用的进口汽车零配件免进口关税；对某些特定种类的汽车减征或免征奢侈品税。这些措施通过工业部1993年第114号令、财政部1993年第645号令、财政部1993年547号令、财政部1995年223号令、财政部1997年第36号令来具体实施。1994年，印尼公布实行了"采用当地汽车零配件奖励制度"，其重点为汽车组装厂采用当地零配件的百分比越高，则该厂进口其余零配件进口税越低。

　　国产汽车计划包括1996年2月计划和1996年6月计划。1996年2月计划规定，对设备的所有权、商标使用及技术方面达到规定标准的公司，授予"先锋"公司或国产汽车公司的称号，具有这一称号的公司可以免除国产汽车奢侈品税和进口零部件的关税。要保持这一称号，就必须在获得称号后3年内增加国产化程度。根据有关规定，印度尼西亚国民在国外生产的汽车只要达到工业与贸易部规定的国产化率的要求，应当与印度尼西亚国内生产的国产汽车得到相同待遇。根据1996年第142号令，如果外国生产的汽车中使用的印度尼西亚生产的零部件达到汽车价格的25%以上，可以视为满足了

20%国产化率的要求。

TPN是唯一获得先锋公司称号的印度尼西亚公司。向TPN公司提供的6.9亿美元贷款是由国有和私有的银行团联合提供的,这笔贷款为期10年,目的是帮助TPN公司继续实行国产汽车计划。

日本、美国、欧洲对其合法性提出抗议,汽车国产化政策也很快遭到许多国家的反对而流产。1996年,欧盟、美国和日本先后指控印尼对汽车工业采取的措施构成补贴,并给这些国家的汽车工业造成不利影响。1997年在美、欧、日等夹攻下,印尼汽车"先锋计划"案在WTO败诉,印尼政府振兴国产汽车的计划遭遇重大挫折。迫于国际社会的压力,1999年印尼政府公布了新的汽车政策。新政策强调集中发展零部件,强化出口市场,特别是微型汽车工业及其零部件的出口,培育新的产业结构。对于国内市场,印尼政府首先对关税政策

【走近印尼】

苏加诺统治时期，印尼政府主要致力于维护和巩固民族独立的斗争，在经济领域主要致力于改变旧的生产关系即所有制的结构，以使得印尼的民族经济(包括国营和私营)能够在国民经济中占据主导的地位。

进行调整，重新调整了进口关税及奢侈品税，以减轻市场负担，恢复国内市场活力和吸引外资。新的税制包括三个要点：一是取消自1994年实施的"采用印尼当地汽车零配件奖励制度"；二是降低本国无法自制的重型汽车(如货车、卡车)和商用车(如大客车、游览车)零配件进口关税至15%以下；三是调高了特定车型汽车的奢侈税，将排气量4000ml以上及4X4汽车奢侈税自50%调高至75%，对排气量5000ml以上汽车的奢侈税目50%调高到60%；取消生产汽车的"本地化含量"要求，取消了外商投资所持股份的比例要求，可完全独资控股；放松进口措施，以便通过市场机制建立正常的、可负担得起的汽车价格体系；政府介绍推广"分期付款"措施：即用于生产目的而进口的零部件和原材料可以在货物离开保税仓库一个月后再缴纳进口税。2008年5月22日，为推动国内汽车组装业发展，印尼财政部发布新的条例，即在2010年前，将整套汽车散件(CKD)的进口税率从目前的5%～40%下调至5%～15%。

第三节　印度尼西亚汽车产业发展前景

　　尽管印尼汽车工业仍存在生产体制不完善、汽车生产能力过剩、产品开发能力弱、零部件发展落后等许多问题，但作为世界第四人口大国，平均35个人才拥有1辆车，与泰国1∶14和马来西亚的1∶7相比，印尼汽车市场所蕴藏的潜力巨大。印尼汽车拥有量较少、制造成本较低，进而成为经济前景看好的新兴市场。汽车产业在印尼有着良好的发展前景。

1.随着印尼经济的快速增长，国民收入增加，有购车需求的人越来越多，潜在汽车消费市场巨大。印尼政治总体上比较稳定，经济稳步增长，人均GDP也不断提高。2003年印尼人均GDP为1 099美元，2004年为1 166美元，2005年为1 308美元；2006年印尼经济增长5.5%，人均GDP 1 486美元，2007年经济增长6.3%，人均GDP 1 942美元，2008年经济增长6.1%，人均GDP 2 271美元，比上一年增长23%。2009年在全球金融危机的背景下经济成长率仍达4.5%，在亚洲仅次于印度和中国，2010年更可望加速至5.5%。印尼中央统计局统计数据表明，2010年印尼工薪阶层年均收入达到2700万盾（约3 000美元）。2010年印尼工薪人数8 350万人，其中60%或5 015万人属于低薪阶层，人均年收入2 284美元或2 057万盾；另30%或2 500万人属于中薪阶层，人均年收入5 356美元或4 825万盾；还有约830万人属于高薪阶层，人均年收入14 198美元或1.279亿盾。随着印尼政治经济平稳发展，人均收入的提高，中产阶级队伍比例将提高，对汽车的需求量呈上升趋势。根据世界各国特别是新兴市场国家的经验，人均GDP在此阶段将进入汽车消费快速增长的时期。泰国人口6 100万人，人均收入达到4 000美元，泰国汽车市场每年销量达61.5万辆，2008年总产量达140万辆。马来西亚汽车市场达48.7万辆，人口为2 200万人，人均收入8 000美元。而印尼人口2.3亿，人均收入为2 000多美元，汽车销售量每年为60万辆。根据印尼工业部计算，如果印尼人均收入从目前的2 000美元增加到4 000美元，印尼汽车销量将达到120万～150万辆。目前，印尼汽车拥有率只有1.43%左右，比中国还要低，与世界平均汽车拥有率12%相比差距更大，属于汽车拥有率严重偏低的国家。根据泰国汽车工

【走近印尼】
　　印尼主要的经济部门包括银行、外贸、交通运输、公用事业以及重要的工、矿、农生产部门，均由国家来掌握。可以说，国有企业在国民经济中确立了主导地位，民族私营经济也获得了一定的发展。

业协会的预测，未来10年印度尼西亚将成为泰国主要竞争对手，并可能取代泰国发展成为东南亚地区的汽车生产中心。今后10年，印尼的人口和国民收入都将大幅增加，并且更换新汽车的机会将增高，需求量达1 500万辆，而泰国对新车的需求量仅1 300万辆，使未来印尼汽车市场比泰国大，从而吸引投资者。

2.全球汽车巨头青睐印尼市场，许多汽车生产厂商，都把印尼纳入各自的全球化战略当中，并积极在当地开展自己的业务，因此印尼成为全球各大汽车生产企业竞相争夺的重点市场，各汽车制造商现正迅速扩张产能来满足市场需求，并不断发掘市场潜力。2008年印尼汽车业的总投资额达5.496万亿印尼盾(约5.5亿美元)，新吸收劳动力1.2万人。近年来，数家汽车公司不断增加对印尼汽车业的投资。其中，印尼雅马哈汽车制造公司已为扩大产量增加了8 000万美元的投资；印尼通用汽车则正计划开设新工厂，用于组装雪佛兰的新款轿车。尽管美国通用汽车公司2009年申请

破产保护,但由于印尼市场拥有巨大增长潜力,美国通用子公司——印尼通用汽车公司将继续在印尼兴建装配厂。印尼通用汽车公司2009年新设立4家代理经销处,并投资8 000万美元新建一家装配厂;大众汽车(Volkswagen)2009年7月宣布未来两年内将投资1.4亿美元在印尼建立第一家整车组装工厂。作为大众汽车全球扩张计划的一部分,印尼是大众近年重点发力的市场。2009年5月初大众曾宣称要把印尼建成面向东南亚市场的汽车出口基地。日本Suzuki计划投资4.2万亿盾(约4.7亿美元)使其在印尼的汽车年生产能力扩大一倍达到17万辆;Daihatsu计划投资4万亿盾(约4.48亿美元)使其在印尼的汽车年生产能力由目前的11.5万辆提高到15万辆。韩国汽车制造商现代 (Hyundai—HMC) 也计划投入6亿美元资金,将印尼打造成为东南亚地区汽车生产基地。值得一提的是,中国汽车企业正在瞄准印尼市场,奇瑞(Cherry)、福田(Foton)、吉利(Geely)均在印尼投资,三家企业首期在印尼投资4 000亿盾后,现在将投资规模进一步增加至2万亿盾。中国汽车自主品牌的领军者——吉利控股集团,凭借灵活的机制和自主创新,成为中国自主品牌的中坚力量和汽车出口的重要企业。为加快企业进军海外市场的步伐,吉利制定了到2015年产销达到200万辆,其中2/3出口的远大目标。2009年12月,吉利在雅加达的印尼公司CKD(全散件组装)生产线正式建成投产。这是吉利在海外的第一个CKD项目基地,完全实现自主运营,年轿车产能可达1万辆。印尼CKD生产基地的建立将从多方面带动印尼的经济发展,比如就业机会、贸易机会特别是当地汽车零部件供应

【走近印尼】

苏加诺在实行"有领导的民主"的同时,还实行"有领导的经济"方针和"印度尼西亚式的社会主义",通过了"八年全面建设计划",加紧实行国有化,将大部分荷兰企业收归国有。1960年11月又宣布石油、天然气的开采由国家控制。

商的配套供应。该项目还将为印尼带来大量新的汽车技术，给印尼本土汽车生产工艺注入活力等等。吉利有意将印尼作为吉利进军东南亚市场的跳板，因印尼华人较多，经过2000年以来持续不断的改革，政治环境越来越稳定，经济发展态势良好，居民的消费意识刚刚起步，市场潜力巨大。吉利将持续加大投资，计划把印尼基地建成覆盖东南亚、辐射澳大利亚、新西兰市场的吉利东南亚制造中心。而我国另一自主品牌汽车商奇瑞汽车公司已于2006年在印尼设立生产基地，生产奇瑞QQ，以满足东南亚的市场需求，并计划将印尼打造成该地区的出口基地。中国汽车正成为印尼汽车市场一道亮丽的风景线。

3.虽然印度尼西亚汽车工业在迅速发展的同时也面临着一些严重的挑战，诸如交通设施差，停车困难，道路拥堵，燃油价格的上涨、电力短缺以及环境问题等，但印尼在汽车制

造业基础、技术队伍、劳工、工资、地价方面都有优势,这为汽车工业的发展创造了有利的条件。印度尼西亚汽车产业的中心——多用途汽车AUV相关零部件的质量、价格、技术等方面,具有一定竞争力。印尼政府于2002年1月领先于泰国及菲律宾实施CEPT,把ASEAN目录中40%以上的整车及CKD进口关税下调到5%。按照东盟自贸区减税进程,到2018年东盟区内汽车进口税要从80%减至零关税。随着东盟市场的开放,印度尼西亚成为多用途汽车与小型卡车的制造中心。印度尼西亚劳动力成本低廉,铁铝氧石及铝等资源丰富,发动机零部件的锻压方面有很大发展前途。为了促进汽车工业的发展,印度尼西亚在雅加达兴建了东南亚最大的汽车展销中心,每年7月24日在那里举行印尼国际汽车展。印尼政府希望将该国建成世界汽车工业的生产基地。随着印尼经济的稳步复苏以及东盟自贸区一体化程度的不断深化,印尼汽车市场的巨大潜力将不断得到释放,汽车工业有望继续保持良好的发展势头,印尼汽车市场的发展将逐步进入快车道。

第四节 财富达人的致富之道

投资理财学中有一句至理名言，那就是"不要把鸡蛋放在同一个篮子里"，但若是盲目地追求面面俱到，将鸡蛋放入太多个篮子中，其实也是投资理财的一个误区。

"将鸡蛋放在一个或太多个篮子里"其实就是过度集中投资和过度分散投资。前者无法分散风险，后者使投资追踪困难，无法提高投资效率。

理财方面有个著名的理财"金三角"，是关于理财的资源分配，在目前年收入的运用和分配上，除了必须支付的日常生活开销之外，对于风险管理和投资理财方面，针对自身的实际情况做好妥善的安排是相当重要的。

1.立足于自我

在投资理财前，每个人都要对自己做一个分析，对自己的性格和财务状况等有个大概的了解，明白自己的优缺点。只有做到知彼知己才能百战百胜。

2.合理选择投资工具

投资工具各式各样，有股票、基金、

【理财密码】

投资理财是一门很深的学问，"80后"在投资理财的过程中不能有半点的马虎和草率。凡事都要立足于基础性和原则性，脚踏实地，一步一个脚印，每个人都可以达到致富的目的。

【理财密码】

树立短期目标能鼓励自己向明确的方向努力，而短期目标的实现能更好地为长期目标而努力。这样在投资理财的道路上才能有更多的信心。

国债和外汇等，对于投资本身来说并没有好坏之分，具有各自的特点，只不过投资者要寻找适合自己的投资工具。看你能否充分地驾驭这个工具，将它的特点发挥到极致，为你带来财富。

3.全面把握市场

投资理财也是一场硬战，了解自己还远远不够，还要具有放眼市场和把握市场的能力。然而这不是一朝一夕就能做到的，但凡投资者都要下一番工夫好好研究。"80后"大都爱跟风，在投资理财的时候容易没有主见，因此在进行投资理财的时候一定要做足热身准备，千万不能盲目跟风，随波逐流。如果不能意识到投资存在的潜在风险性，那么结果将一败涂地。

4.确定目标

假如没有目标，那么人的一切行动就好比是在黑暗中摸索，所以一定要给自己树立目标。

5.抓住机遇

机遇是留给有准备的人的，而机会又无处不在。只要用心对待，认真观察多思考，那么机遇一定会垂青于你的。

第五节 财富名人榜——林绍良

1916年7月16日，林绍良出生在中国福建省福清县海口镇牛宅村里一个殷实的农民家庭。祖祖辈辈都是以种田为生，家里虽然不是大富大贵，但也过得安逸自在。

1952年，林绍良把他的商贸总部迁到印尼首都雅加达，决心在其他经济领域里大显身手。当时印尼的经济面临着如何在一片废墟上重建家园这一首要问题。林绍良据此确定了自己的经营战略：从衣食住行入手，进入其他领域。

1957年，林绍良在泰国的金融巨头陈弼臣的帮助下，正式创办了中央亚细亚银行，并任董事长。同时在泗水、三宝龙、棉兰、巨港、万隆设立了14家分行和支行，逐步形成了一个自成体系的金融业务网络。有了银行做后盾，林绍良在生意场上如虎添翼。至此，一个兼有工业、商业、金融的林氏集团已初显雏形。

1965年，林绍良与他的好友林文镜等人合创华仁谊集团，华仁谊集团属下的企业达30多家，包括银行、建筑、地产、纺织、水泥、面粉、钢铁、航空运输、贸易服务等行业。

林绍良已经建造起一个令人咋舌的企业王国：由其三兄弟（另外两人为林绍喜、林绍根）三林经济开发公司拥有印度尼西亚中央亚细亚银行和华仁谊集团。前者是印尼最大的私营银行，林绍良本人占24%的股份；华仁谊集团则经营进出口贸易、制造业、建筑业;由林绍良与福清同乡林文镜共同合资组成的林氏集团专营金融业务,产业包括第一太平投资公司,业务跨越亚、美、欧、非各洲。两大集团下属200家公司,分布在印尼各个城市及世界上的一些国家和地区,涉及70多种行业。

名人故事

日本投降后,印度尼西亚宣告独立。但荷兰殖民军卷土重来。一场抗击荷兰殖民者的独立战争即将爆发。当地华商在中华总会的领导下,大力支援印尼的抗荷独立战争,虽然林绍良不是最有钱的那一个,但却是表现最为突出的一个。

就在这时,有一位高级领导人为摆脱荷情报人员的追捕,需要隐蔽,中华总会把这项重要的掩护任务交给了林绍良。而这位名叫哈山·丁的领导人与林绍良结成了莫逆之交。事后他才知道,哈山·丁是印尼共和国第一任总统苏加诺的岳父。正是通过哈山·丁的关系,林绍良结识了很多军队上的人,当然也包括印尼的首任总统苏加诺,而当时苏加诺只是一个师的上校团长。

由于殖民军的封锁,共和国军队的军火、药品奇缺,林绍良决定为军队提供必要的军用物资。而在当时,这样做是需要极大勇气的,要不怕风险,胆大心细。

林绍良先和共和国军方谈了自己的想法,受到了热烈支持,双方一拍即合,认真而又慎重地研究了运输路线。不久,林绍良冒着生命危险,用帆船载着从新加坡购买的武器及军需物品,凭着对地形和海路的熟悉,左右回旋,巧妙地越过荷军封锁线,把第一批军火安全地运到了中爪哇印尼军中。就这样,林绍良押运军火,一次又一次地穿越荷军的封锁线,如入无人之境。每次运抵前线,印尼官兵都向他欢呼致意。

第三章　财富新支柱的崛起

　　印尼是一个旅游资源极其丰富的国家，得天独厚的地理位置，优美的自然环境，丰富的海洋、火山与湖泊等自然景观，遍布各地的名山古刹以及多姿多彩的民间文化，使印尼在发展旅游业方面有着许多其他国家无法相比的长处和优势。

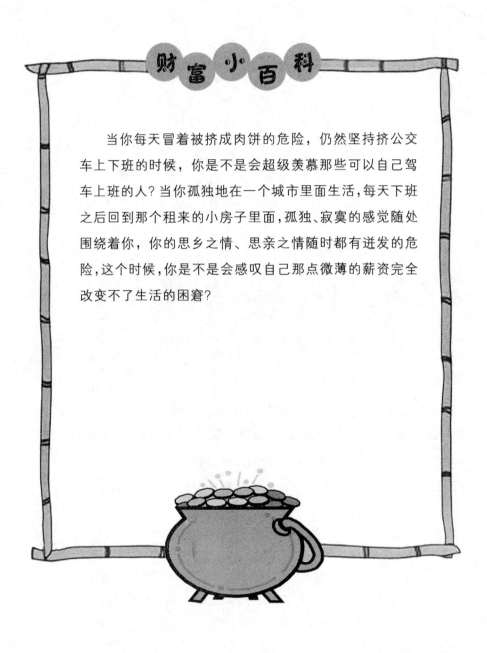

财富小百科

　　当你每天冒着被挤成肉饼的危险，仍然坚持挤公交车上下班的时候，你是不是会超级羡慕那些可以自己驾车上班的人？当你孤独地在一个城市里面生活，每天下班之后回到那个租来的小房子里面，孤独、寂寞的感觉随处围绕着你，你的思乡之情、思亲之情随时都有迸发的危险，这个时候，你是不是会感叹自己那点微薄的薪资完全改变不了生活的困窘？

第一节　印度尼西亚的主要旅游资源
##　　　　　　与经济中心

　　印尼是一个旅游资源极其丰富的国家，得天独厚的地理位置，优美的自然环境，丰富的海洋、火山与湖泊等自然景观，遍布各地的名山古刹以及多姿多彩的民间文化，使印尼在发展旅游业方面有着许多其他国家无法相比的长处和优势。印尼旅游业起步较晚，但20世纪70年代中期以来发展迅速，外国游客和旅游外汇收入与年递增。旅游业的快速发展，不仅为国民经济建设带来了大量的外汇收入，促进了相关产业的发展，尤其是为商业、酒店业以及旅游商品的生产带来了生机，而且解决了大批社会闲散人员的就业问题。旅游业已成为印尼国民经济的一项支柱产业。根据2009年世界经济论坛对全球133个国家旅游竞争力的调查结果，印尼排名第81位。印尼文化与旅游部官员指出，印尼旅游业在价格方面竞争力较强，但在法规框架、清洁健康、基础设施等方面有待改进。

　　印尼是世界上旅游资源最丰富的国家之一，它以旖旎秀丽的热带

【走近印尼】

　　印尼的民族资本得到迅速发展，使其在国民经济中占主导地位，使外国资本控制印度尼西亚经济命脉的局面得到改变。与此同时，在农村实行"产品分成法"和"土地基本法令"，规定地租不得超过收成的一半，还规定了地主的土地占有限额。这些对于缓和农村矛盾，促进农业生产有一定的作用。

风光、灿烂辉煌的历史古迹及多姿多彩的民俗风情而闻名于世。

印尼著名的旅游景点不胜枚举,且各具特色。最令人神往的首推有"诗之岛"、"天堂岛"等美称的巴厘岛。如到印尼而不去巴厘岛观光旅游,那就不算到过印尼。有的外国游客曾次去巴厘岛旅游、度假,欣赏它的自然美景和丰富的文化艺术。龙目岛,对于寻求安逸轻松的人们和探索其庇护下的吉利岛的潜水和浮潜爱好者来说,这里就是天堂。它的迷人之处在于它风景如画的海滩和几乎未被开发的热带自然景观。中爪哇的千年古塔婆罗浮屠佛塔(Borobudur)和甫兰班南印度教陵庙群(Prambanan),均被联合国教科文组织首批列入世界文化遗产名录,也是外国游客首选的景点之一。婆罗浮屠佛塔建于778~856年,是世界上最大的佛教遗址,周围被火山包围。这里任何时候都值得来参观,尤其是日出时。普

兰巴南神庙始建于856年，是东南亚最大的印度教神庙，有十分著名的浮雕。史诗《罗摩衍那》在黎明时分为游客演出。日惹市内的日惹王宫，建筑精美，宫内收藏丰富的珍品，令游人赞叹。北苏门答腊省境内有东南亚最大、全球最深的火山湖多峇湖(Lake Toba)及其湖心岛，风景优美，文化习俗独特，最令游人陶醉。苏门答腊境内还有多个国

【走近印尼】

苏加诺政府执政时期，印尼政府主要致力于巩固民族独立、反对帝国主义的入侵和干涉及其颠覆活动、镇压地方叛乱以及实现国家领土的统一等，因此，没有把经济建设当作中心任务来抓，它所采取的经济发展战略，主要是致力于改变生产关系即生产资料的所有制结构和扶助民族私营经济的发展，同时在经济建设中，强调自力更生，主要依靠自己的力量等。

家公园，山中远足，探险之旅和迷人的巴塔克文化，等等。巴坦岛和民丹岛临近新加坡，也是印尼制造业基地和旅游胜地；首都雅加达的"美丽的印度尼西亚缩影公园"，是印尼各民族文化的概括和缩影，是外国游客必游之地。西伊里安的查业维查亚山，矗立云表，雄伟壮丽，且地处赤道而山顶终年积雪不化，是印尼又一堪称世界一绝的风景线。印尼东部班达海上的小群岛班达群岛，孤处深海，自然风光如诗如画，已被联合国教科文组织列入世界自然遗产名录，是世界少有的休闲旅游的好去处，深受广大游客尤其是中老年游客的钟爱。此外，喀拉喀托火山、乌绒库伦自然保护区(也被联合国教科文组织列入世界自然遗产名录)、茂物大植物园，泗水Bromo火山，茂物总统行宫、多拉查人的葬俗及葬礼、各种博物馆及民间音乐、舞蹈、雕刻、绘画等艺术的表演和展示都具有独特的魅力。

雅加达(Jakarta)：东南亚第一大城市，世界著名的海港。是印尼的首都，全国政治、经济、文化中心和海陆空交通枢纽，亚洲南部与大洋洲之间的航运中心。雅加达位于爪哇岛

西北部海岸，多数居民为爪哇人，少数为华人、华侨、荷兰人等。绝大部分居民信奉伊斯兰教、佛教，部分信奉基督教。分为东、南、西、北、中五个部分，东北部是旧城，近海为商业中心；南面是新区，为行政中心；西部是正在开发建设的区域，是外国旅游者、商人、投资者进入印尼的大门。

雅加达在公元5世纪时只是一个小渔村，500多年前逐步成为东南亚输出胡椒和香料的著名海港，印尼各地和外国商人纷纷来此经商，当时称"巽他格拉巴"，意即"椰子"，所以至今仍有不少华人称雅加达为"椰城"。1522年，葡萄牙人来到"椰了"，后来向当时西爪哇的巴查查兰王国提出要求，要在"椰子"建立贸易站。但在葡萄牙人的贸易站建成之前，中爪哇淡目王国的总司令法达希拉于1527年6月22日率军击败了葡萄牙的舰队。为纪念这一胜利，法达希拉将巽达格拉巴改名为查雅加达，意为"胜利的城市"。1596年，荷兰人入侵该城，建立了贸易站和堡垒，并成立了"东印度公

司"。1619年荷兰殖民军攻占,易名为"巴达维亚"。在荷兰人统治期间,城区不断向南部和东西两侧扩展,到1945年时人口已达75万人左右。第二次世界大战期间,日本侵略军侵占印尼,直到1945年印尼独立。独立后,印尼政府恢复其原名,并简称为雅加达,同时将6月22日定为建城纪念日。

如今的雅加达已发展成一个拥有1 200万人口的国际化大都市,是全球20多个特大城市之一,占地面积650平方千米,全市华人约100万。市区分为老区和新区。北部的老区临近海湾,风光独特,古迹众多,有许多荷兰时代留下的欧式建筑物,其中最具代表性的是现在的总统府,原先是荷兰人的总督府。老区内还有雅加达著名的唐人街——草埔,沿街商店鳞次栉比,商品琳琅满目,应有尽有。位于南部的新区则充满现代感,是雅加达的政治金融中心。最著名的街道是谭麟大街和苏迪尔曼大街,这是雅加达金融业的中心,街道两旁高楼林立,大型商厦,银座及四星、五星级大饭店比比皆是。雅加达是外国公司及外国人居住的中心,国际化程度较高,消费能力较强。

雅加达特区无疑是全国经济最发达的地区,它不仅是印尼的政治和文化中心,而且也是商业、金融和工业中心。印尼的大商场、主要银行、保险业、房地产、证券交易和一系列的制造业,大多集中于雅加达。全国7%的GDP、17%的工业产出和61%的银行金融业务都集中在雅加达。

雅加达是全国最大的工业中心,主要工业有造船、纺织、汽车、装配、建材、轮船、化工、化肥、食品加工、制革、印刷等。工业向郊区发展,主要工业区有:雅加达布劳伽东工业园区、努桑德拉保税区、马伦达区和茨朗达工业园区等。印尼是东

【走近印尼】

开展五年建设和八年建设,印尼政府都要面临筹措大量资金的任务。当时,由于不断开展反对帝国主义的斗争和开展国有化运动,所以政府十分强调要发扬自力更生的精神和主要靠国内筹措建设资金的政

南亚最大的石油生产国,雅加达的炼油厂逐年扩大,产品大部分通过外港出口。

雅加达是印尼经贸活动中心,拥有全国最大的银行和全国性工商管理机构。现有银行和金融机构(总行、分行、支行和代表处)105个,其中可经营外汇业务的国有银行5家,地区发展银行1家,各种私人银行37家,外国银行29家;非外汇私人银行33家。雅加达已建立了10个邮政总局,内设851个服务柜台;429个邮政所和39个流动邮政服务车。此外,雅加达股市对发展经济和筹集资金起到了积极的作用。雅加达批发和零售商业网点遍布,百货商场、超市、各类商品市场共有151个,柜台有96 468个。此外,投资所需的仓库、厂房和办公室也可满足需要。雅加达还集中了许多著名文化、科研机构和100多所高校,其中印度尼西亚大学最著名。

雅加达交通事业发展较快,交通网已遍及城乡。雅加达

是海港城市，有印尼最大的天然良港丹绒不碌港(Tanjung Priok)。丹绒不碌港年货物进出口量占到印尼全国的60％以上，这个港口有40多个泊位，可停泊吃水8～12米的船只，有公路、铁路以及运河同雅加达市区连接。为了增加港口的集装箱吞吐量，丹绒不碌港正计划向外海延伸扩建码头，年集装箱吞吐量将由

现在的260万标箱增加到500万～600万标箱。雅加达有三个大型机场：首都国际机场苏加诺—哈达机场位于雅加达以西，为印尼最大的机场。哈林机场，位于雅加达市东南方，供国际航班飞机和国内日惹方向的班机起降。克玛腰兰机场，位于雅加达市东北方，主要供中小型飞机起降。

雅加达是印尼全国三大旅游中心之一(另两个分别为巴厘和日惹),市内绿树成荫,街道两旁遍植常绿树种,拥有众多的名胜景点,其中主要有独立广场公园、民族纪念碑、美丽的印度尼西亚缩影公园、安佐尔梦幻公园、伊斯蒂赫拉尔清真寺、中央博物馆、雅加达历史博物馆、伊斯梅尔·马尔祖基公园。

泗水(Surabaya):是印尼东爪哇省省会,全国第二大城市,一直是印尼东部地区的经济枢纽,城市面积326平方千米,人口350多万,其中华人50万。泗水是印尼海军的主要基地,是印尼重要的制造业、农产品加工业、贸易中心之 及爪哇岛的海、空交通枢纽。

泗水是印尼工业重镇,在泗水北部的GRESIK以及其他靠近省府和主要城市有一些新型的工业区。目前工业区有15个,占地数千公顷,并有面积远超过15个工业区的数十块工业地皮。主要工业有船坞、铁路机车制造、机械、电子、水泥、胶合板、食品加工等。

泗水是印度尼西亚工业化程度最高的工商业城市。印尼很大一部分的进口商品都通过这里的港口进入国内,而出口的大宗蔗糖、咖啡、烟草、柚木、木薯、橡胶、香料、植物油和石油产品也通过该港口输出。泗水航空、海运、公路、铁路等交通设施齐全。这里有印尼全国第二大港口丹绒培拉港(Tanjung Perak)。主要机场:Juanda, Surabaya。

旅游区:泗水动物园、Tretes and Selecta山顶、Bromo火山、Malong(古代遗址)、Madura(原始公牛族)。著名建筑有1868年建造的大清真寺、1954年成立的艾尔朗加大学、理工学院、海军学院和一座荷兰古堡。

【走近印尼】

由于过去长期受荷兰的殖民主义统治,到独立时,印尼的大部分经济仍掌握在荷兰等外国资本的手里。为了改变这种状况,使主要的经济部门掌握在印尼国家的手里,独立以来,印尼政府根据共和国1945年宪法第33条第2款的规定:"有关国家命脉和大多数人民生计的生产部门一律归国家经营",开展了国有化运动。

泗水有庞大的渔船队,城市周围是富饶的农业区。该市与爪哇各城镇有良好的铁路、公路与航空联系。省内有主干道通往泗水并跨越西北,自中爪哇的梭罗直通省中心,有支线通往南部地区。另外,环泗水有收费高速路通往工业区和郊外的住宅区,从机场附近通向港口。计划修建连接泗水和雅加达及西爪哇的收费公路,这将更加促进该地区的发展。同时正在考虑建设从西爪哇大陆通往东边离岸的马都拉岛的路桥或铁路。铁路火车连接泗水和雅加达只用8小时。有其他铁路连接泗水和梭罗、日惹,连接中、东部的城市,延伸至Banyuwangi,爪哇和巴厘的渡轮西端终点站。泗水航空运输较发达,设有国际空港,有国际航班通往中国香港地区和新加坡、澳大利亚等地。泗水到雅加达的班机飞行时间为1小时。泗水也是通往印尼东南方向的努沙登加拉以及东北方向的乌云潘当(Ujung Pandang)的枢纽。

随着近年来的大量投资,特别是集装箱业的发展,泗水Tan-

jungPerak港成为继雅加达Tanjung Priok之后第二大处理岛屿之间及国际贸易业务的港口。随着工商业的蓬勃发展，Tanjung Perak港每天有数百艘国内外轮船进出，港口现有设施已不能满足日趋增长的需求，扩建或增建港口迫在眉睫。为此，印尼自1996年起便在泗水周边8个地点进行考察，计划新建一个远洋码头，以缓解Tanjung Perak港的压力。新码头的地址已选定在位于泗水与锦石县交界的拉旺湾(Teluk Lamong)。按照规划，拉旺湾码头总面积386.12公顷，需投资6万亿盾。工程分两步进行，首期60公顷，资金3万亿盾，可容纳100万个标准货柜。拉旺湾码头建成后，连同丹绒培拉港，每天能吞吐的标准货柜可达270万个，运输能力将大幅度提高，对吸引国内外投资，拉动印尼东部地区的经济发展，增加当地就业都将起到重要作用。港口的进一步现代化增加了集装箱的运作能力，并每天可运作21小时。除了货物交通外，Tanjung Perak还是来往雅加达及印尼东部各省的旅客运送的枢纽。泗水作为东爪哇省首府，与中国一些城市交往频繁。2004年泗水与上海结成姐妹城市。2001年东爪哇省与山东省签订合作意向书，决定在农业、畜牧业、渔业和人才培训方面开展合作。

棉兰(Medan)：北苏门答腊省首府，城市面积为342平方千米，人口超过200万，是印尼第三大工业重镇，仅次于雅加达和泗水，是印尼西部区域经济发展的龙头。其中华人约占居民的20%，大部分经商，市内80%的商店为华人所拥有。棉兰濒临马六甲海峡这条国际最繁忙的航道，巴拉望(Belawan)是棉兰的海港，与马来西亚的槟城隔海相望，地理位置优越，工商业发达。棉兰附近所种植的经济作物,例如橡胶、棕榈油、可可、烟草,都经由巴拉望输出。棉兰是印尼对外贸易的西大门和国内外游客的主要出入境口岸之一。印尼、马来西亚和泰国经济成长三角区的成立加强了它作为苏北省和印尼北部地区发展中心的地位,推动了该市食品加工、纺织业、皮革制品、化工、建材、金属和运输工具等小工业的迅速发展。

棉兰曾经是德里(Deli)回教王国的一部分,于1888年建成的苏丹王宫,以王室专用的黄色为装饰基调,是由一位意大利建筑师所设计。王宫已向公众开放参观,在宫殿内可看到寝室、王室画像、荷兰家具和一些旧式武器。

万隆(Bandung):古称"勃良安",印尼西爪哇省省会,人口约170万。景色秀丽,清静幽雅,四季如春,被誉为印尼最美丽的城市,素有"爪哇的巴黎"之称。早在17世纪,万隆就已成为著名的旅游和避暑胜地。

【走近印尼】

　　在对外贸易方面，80%的进口和20%的出口，已由国家经营；工矿企业和种植园也已大部分归国家经营。此后，在开展反对马来西亚的斗争中，印尼政府又接管了一批英、美的企业。但印尼国有化后又出现了排斥一切外资的极端化倾向。

　　印尼独立后，万隆几经发展和建设，现在是印尼的第四大现代化城市。城市面积80多平方千米，绝大部分居民是巽他族(Sunda)，为印尼巽他族文化中心。万隆纺织工业发达，是印尼甚至整个东南亚的纺织工业中心。万隆还是印尼的农产品集散地之一，以金鸡纳树皮为主要原料制造的奎宁药品畅销世界各地。万隆还拥有全国唯一的飞机制造厂。

　　万隆的文化教育事业发达，设有50余家高校及研究机构，其中以建于1920年的万隆工学院最为著名，它是培养印尼政府高级官员和高科技人才的摇篮。

　　万隆是"万隆精神"的发源地。1955年4月18日至24日，第一次亚非会议在万隆举行，史称万隆会议。这是亚非国家第一次在没

有西方殖民国家参加下自行召开的大规模国际会议，共有29个亚非国家和地区的政府代表团参加。会议一致通过了《亚非会议最后公报》，提出了以和平共处五项原则为基础的万隆十项原则，作为国与国之间和平共处、友好合作的准则。会

> **【走近印尼】**
>
> 许多国有企业管理不善，有些甚至成为军人官僚的发财工具，忽视私人经济的发展，造成印尼经济成本高、效率低、政府负担重。

议所反映的亚非人民团结反帝、反殖，争取和维护民族独立，增强各国人民之间友谊的精神，被人们称之为"万隆精神"，万隆也因此驰名于世。万隆会议原址独立大厦现已辟为亚非会议博物馆。

　　日惹(Yogyakarta)：位于中爪哇，为全国三个省级特区之一，直属中央政府管辖。城市面积32.5平方千米，人口42万，是印尼重要的文化、教育中心，展示爪哇传统文化的窗口，也是著名的旅游胜地，拥有举世闻名的婆罗浮屠佛塔等名胜古迹。在独立战争时期，日惹是印尼共和国的第一个首都。

第二节　迅速崛起的旅游业

1976年印尼接待外国游客40万人，1979年上升到50.1万人，1981年为60万人，1982年为59.2万人。在1983～1989年期间，赴印尼旅游的外国旅游者人数以年均15.6%的速度增长，印尼接待的外国游客人数由1983年的64.4万人增加到1987年的106万人(首次突破百万大关)、1988年的130.1万人和1989年的162万人。旅游业直接创汇也由1983年的4.4亿美元上升到1988年的10.6亿美元和1989年的12.8亿美元。进入20世纪90年代以后，印尼旅游业继续呈现勃勃生机。1990年印尼接待外国游客217万人，旅游外汇收入18.9亿美元，分别比上一年增长33.9%和47.3%。1991年印尼政府举办"1991年印尼旅游观光年"，欢迎世界各地游客到印尼观光旅游，结果当年到印尼旅游的外国游客达到250万人，外汇收入25.2亿美元，首次超过橡胶业，成为仅次于石油天然气、纺织成衣和胶合板业的第四大创汇行业。1992年和1993年，印尼吸引外国游客分别为320万人和340万人，外汇收入进一步上升至32.7亿美元和36.4亿美元。1994年到印尼观光的外国游客突破400万人大关，超过政府原定的390万人目标，外汇收入46亿美元，比1993年增长17.8%。

【走近印尼】

苏加诺统治印尼20年期间，印尼政府奉行对外排斥西方资本，对内限制华人资本和私营经济，盲目建设、发展国有企业的政策，使印尼经济缺乏活力，效益很差，资金短缺，技术落后，印尼成为世界有名的穷国之一。

1994年12月31日，苏哈托总统宣布1995年为"印尼共和国独立半世纪之年"，旨在进一步提高印尼观光旅游业的吸引力，使更多的外国游客到印尼观光。1995年印尼吸引外国游客450万人。1996年印尼获得旅游业外汇达到最高点，共62亿美元。到印尼旅游的国外游客主要来自新加坡、马来西亚、日本和澳大利亚。国外游客在印尼的停留时间平均为12天，超过大多数亚洲国家。外国游客在印尼的消费是逐年提高的，1990年每个外国游客在印尼的平均消费额为966.81美元，平均每天81.79美元；1994年每个外国游客的平均消费额提高到1 194.43美元，平均每天115.63美元。

1997年以来先后受到金融危机、政局动荡、恐怖爆炸事件、"非典"等不利影响，旅游业发展缓慢。苏西洛总统执政后，印尼国内政治稳定，治安好转，刺激旅游业的复苏。2006年外国游客达500万人次，外汇收入45亿美元。2007年外国游客人数创10年新高，达550万人次，给印尼带来53亿美元的外汇收入。2008年印尼

入境游客总数达643万人次,比2007年增加13.24%,虽然没有达到"2008印尼观光年"所预定的700万人次指标,但却取得了75亿美元的外汇收入,同比增长41.5%,增加了22亿美元,创了历史新高。2008年12月,14个城市星级酒店的客房入住率平均达49.69%。2009年入境游客总数仍达640万人次,旅游外汇收入64亿美元,证明阻碍印尼旅游业增长因素的全球经济不景气、炸弹案及地震等并没有影响印度尼西亚的旅游业。印尼文化旅游部提高了2010年度接待外国游客的指标,从2009年的650万人次提高到700万人次,外汇收入70亿美元。据印尼中央统计局公布的最新数据,2010年到印尼旅游的外国游客总计达700.2万人次,较2009年增幅10.74%,旅游外汇收入76亿美元,较2009年增长20.63%。2010年12月在全国17个省星级酒店住房率平均为53.84%,较2009年的52.53%提高1.31个百分点,达到2010年政府计划目标。

第三节　政府的政策措施

　　旅游业是印尼非油气行业中的第二大创汇行业，还可以创造大量的就业机会，因此，得到印尼政府的大力扶持。政府长期重视开发旅游景点，兴建饭店，培训人员和简化手续。印尼旅游业的迅速发展，不仅得益于自然、地理条件和文化传统，而且更多地得益于政府为发展旅游业而采取的有效的政策措施。

一、简化手续

　　1983年4月印尼政府作出关于东盟、欧洲共同体28个国家和地区的游客逗留2个月以内的，进入印尼可免签证的决定。到1993年底为止，印尼政府已先后宣布对45个国家的游客免办签证，这些免签证的游客占印尼接待外国游客总数的90%以上。同时，为促进旅游业发展，印尼政府还给包括阿尔及利亚、突尼斯、罗马尼亚、巴拿马、捷克、斯洛伐克等在内的11个国家的旅游者提供落地签证的便利。截至2007年底印尼已向63个国家提供落地签证的便利措施。

> **【走近印尼】**
>
> 　　印尼国内政治斗争不断，内阁更迭频繁，加上外国的干涉，武装叛乱势力猖獗等原因，政府难以集中力量进行经济建设，80%的政府预算放在国防和社会治安上，特别是政府经济政策的失误，导致经济发展缓慢，人民生活贫困。到1965年苏加诺下台时印尼经济处于崩溃边

二、成立专门机构

印尼从1969年开始重视发展旅游业,成立了旅游、邮政和电讯部,下设专门负责旅游业的旅游局,将旅游业列入国民经济发展总体规划,并对旅游业投入大量资金。从第二个五年计划开始,印尼把促进旅游业的发展正式列入国家的经济发展计划,此后,印尼政府制定的几个五年经济与社会发展计划,都对旅游业的各项发展指标作了具体的规定。1990年10月,印尼颁布了《旅游法》。为了促进旅游业的发展,印尼政府每年都拨出大量资金发展旅游业。政府对旅游部门的投资,1992年为13亿美元,1993年和1994年分别为5.52亿美元和4.05亿美元。政府还鼓励私人投资旅游业,加速旅游设施的建设。2008年印尼加大了对旅游业的宣传力度,许多游客受邀参加了跳岛之旅,游览了巴厘周边的岛屿。爪哇岛凭借其独一无二的火山景观,同被列入联合国文

化遗产的婆罗浮屠寺庙群 (Borobudur) 和普兰巴南寺庙群 (Prambanan)，广受游客推崇。另外，巴厘岛的"姐妹岛"——龙目岛也深受欢迎。

三、积极发展国际航空事业，开辟新航线

从1984年开始，印尼国营鹰记航空公司开辟了国际航线，目前该公司已同世界上的28个城市有定期的航班往来业务。此外，印尼还允许28家外国航空公司开通至印尼的航线。为了更多地吸引外国游客，印尼1989年就宣布开放雅加达的苏加诺—哈达国际机场、棉兰的波罗尼西国际机场、巴厘的乌拉莱国际机场和万鸦佬的萨姆拉杜朗宜国际机场。从2001年至2006年5月，印尼政府投资在泗水兴建尤安达新机场，新机场每年能运送600万名乘客。目前正在建设第二期工程，待工程竣工后，估计每年能运送1 500万乘客。印尼另外一个旅游热点龙目岛，岛内新的国际机场也已经动工，预于2010年竣工。到2006年年底，印尼全国共有民用机场190个，其中27个国际机场，163个国内机场。印度尼西亚有5大机场，雅加达附近的苏加诺—哈达机场为国内最大机场，此外还有泗水的尤安达机场、锡江机场、巴厘岛登巴刹机场及棉兰波罗尼亚机场等。主要航空公司有鹰记(Garuda)、鸽记(Merpati)、狮航(Li-on)、曼达拉(Mandala)、亚旦姆(Adam)等。2005年国内客运量5 934万人次，国际客运量2 232万人次。2008年雅加达、泗水、巴厘岛等5个主要空港国内客运量2 101万人，国际客运量662万人。雅加达苏加诺—哈达机场年客运量已从2 300万人

【走近印尼】

1967年苏哈托执政以后，奉行稳定经济、对外开放、持续增长、均衡发展的经济发展战略。苏哈托担任印尼总统超过30年，他在执政期间为印尼带来长期的政治稳定和经济发展，因而获得印尼"建设之父"的美誉。

次上升至2010年底的4 300万人次，泗水朱安达机场年客运量从1 200万人次增长至1 600万人次，巴厘岛乌拉莱机场年客运量从800万人次提高到1 100万人次。

印尼不断开辟新的航线和开发新的旅游目的地促进了旅游业发展，使2008~2009年全球金融危机未对印度尼西亚旅游业造成大的影响。鹰记航空公司开设的新加坡—日惹直航使得游客能够在两个小时内直接飞抵爪哇文化的发源地；亚洲航空廉价航班增加了由新加坡和吉隆坡飞往印尼许多二级旅游目的地的航线；巴厘和爪哇新开辟了豪华精品酒店和度假村。最新开发的旅游目的地，如印尼西部苏门答腊岛的北苏门答腊省正在与新加坡、马来西亚和泰国这些相邻国家建立稳固的区域航空联系。同时，鹰记航空公司每天9趟的定期航班，使游客只需两小时就可由雅加达直接飞抵北苏门答腊省的省会棉兰，这几乎就是短程往返航线。所有这些都使得旅游业专家们即使是在全球经济低迷的情况

下,也看好2009年以后印尼旅游业的增长形势。

四、兴建旅游宾馆,加强人员培训,提高服务质量

印尼政府最近几年对旅游业的投资,主要用于兴建旅游宾馆。印尼第三大城市棉兰两座新的五星级酒店——万豪酒店(JW Marriotthotel)和巴厘岛瑞士大酒店(Grand Swiss Belhotel)于2009年投入使用,使得这座充满活力的会展之城可提供的五星级酒店房间数达到1 410间,四星级酒店房间数量达到1 702间。印尼全国目前共有623家国际标准的宾馆酒店,其中29家为五星级,51家为四星级,客房总数5 7389间。印尼已在全国建立35所旅游学院、60所旅游中等专科学校以及30多个旅游和饭店员工培训中心,旨在为旅游部门输送合格的人才,提高服务质量。到2008年年底,全国有800万人在旅游部门就业,其中55%就业于宾馆、酒店。

五、与周边邻国开展旅游合作

2010年印尼接待700万外国游客,其中113万游客来自新加坡,103万来自马来西亚。印尼计划重点加强与东盟邻国的旅游业合作,吸引更多泰国、菲律宾、越南游客到印尼旅游,东盟十国到印尼旅游的人数由2010年的250万提高到2011年的320万,增长30%。在具体国别方面,印尼已同新加坡和马来西亚达成协议,共同投资5.7亿美元,将三国沿海地区开发成国际旅游度假胜地,建成"东方加勒比旅游区"。印尼还与泰国和马来西亚的旅游机构协商,建立具有协调功能的常设旅游联盟机构,以加强三国旅游业之间的相互合作、联合促用和共同开发。历史上印尼与缅甸在政治、经济、社会、军事和安全方面曾经有过良好的合作,根据1951年签

【走近印尼】
30年的辉煌毁于一旦,1998年印尼陷入了经济危机和政治危机之中,愤怒的印尼人民将苏哈托赶下了台。

署的两国友好投资协议,印尼把缅甸定为自由友好国家,两国建交已有60年。从2005～2006年度开始,印尼、缅两国贸易开始增长。2008年印尼向缅甸出口2.1034亿美元,缅甸向印尼出口0.2835亿美元。根据缅甸投资委员会的数据,截至2009年3月31日,外国在缅投资150亿美元,印尼在缅有12个投资项目总价值2.41497美元,占外国对缅投资第九位。但两国在贸易和旅游方面的合作仍然太少,至今两国还没有银行直接业务,也没有直接运输、直接通航。每年到印尼旅游的外国游客总数超过600万人次,其中只有约2 500人来自缅甸。为了促进两国旅游业合作,两国关于贸易和旅游业研讨会2009年6月底在缅甸仰光举行,该研讨会旨在探讨进一步促进两国之间贸易商业联系,加强旅游业交流与合作的可能性。双方商定,将共同推进巴厘岛—额布里海滩—维桑海滩旅游线路,促使印尼婆罗浮屠和缅甸帕敢这两个佛教圣地成为友好城市,开通两国直航以及促进其他合作方式等。印尼与缅甸签订了

旅游合作协定,准备帮助缅甸培训高层次旅游管理人才和服务人员,进而推动两国的旅游合作。印度尼西亚政府即将开通雅加达至河内的航班,以推进两国间的旅游业发展。目前,每年到印度尼西亚的越南游客有2.5万人,而到越南的印度尼西亚游客达4万人。印度尼西亚对越南的风土人情了解很多,但是很多越南市民,尤其是学生并不了解印度尼西亚。2010年印度尼西亚和越南以庆祝双边建交55周年为契机,加强旅游推介。此外,印尼2009年初与迪拜的开发商毅马(Emaar)签订了一份项目协议,准备在龙目岛的南部修建一个投资额达6亿美元的度假村。

六、加强旅游促销

印尼的旅游业近些年由于一系列的灾难受到重创,包括2002年的恐怖炸弹袭击,伊拉克战争引发的攻击西方人的担心,SARS的爆发以及本国政府新通过的签证限制等。作为振兴旅游业的计划之一,印尼政府正在尝试推动传统旅游市场的促销活动。营销市场的重点放在吸引中国、日本、东南亚、澳洲及中东的游客。这项旅游业复苏计划首先从临近的地区做起,转而发展到其他的市场,如欧洲,上述国家也是前几十年来印尼旅游业的主要客源。为实施复苏计划,旅游部成立了一个工作委员会,包括5个负责不同市场的小组,每个小组要组织一系列的诸如参与旅游展览会的活动。2006年这些活动的预算为500亿印尼盾(609万美元)。2007年印尼旅游部门投入的推介资金1000亿盾,2008年"印尼旅游观光年"增加50%达到2000亿盾。2009年印尼重点加强对澳洲、中国、马来西亚、新加坡、韩国、东欧及中东等国的旅游促销活动。

【走近印尼】

苏哈托上台执政的时候,印尼经济非常困难,巨额的财政赤字,高达20多亿美元的外债,持续上升的通货膨胀,使这位行伍出身的总统面临严峻的挑战。

第四节　旅游业的发展趋势

印尼虽已跻身于世界20大旅游强国的行列,但仍远远落后于其东盟邻国——泰国和新加坡,即使与马来西亚相比也有不少差距。根据世界经济论坛(WEF)发表的2007年旅游业与旅游竞争力报告(Travel & Tourism Competitiveness Report 2007),在124个被评比的国家中,印尼竞争力排名居世界第60位,落后东南亚其他主要旅游国家,例如:新加坡(第8名)、马来西亚(第31名)、泰国(第43名)。新加坡每年接待900万游客,而马来西亚每年接待的游客达到1 700万人,泰国已成为世界十大旅游市场之一,2009年接待外国游客1 415万人。

由于国内对石油需求日益增加,印尼已于2004年成为纯石油进口国,印尼纺织品出口则已面临中国、越南、巴基斯坦等国同类产品的激烈竞争以及欧美各国贸易配额的限制,胶合板的出口增长速度也已开始下降。因此,旅游业在印尼经济中的地位和作用将日益重要。为此,印尼政府提出今后开拓旅游业的几项新举措:加强宣传活动,进一步提高民众的旅游意识;增建旅游设施,提高服务质量;开发新的

【走近印尼】

　　苏哈托上台执政后,先用3年时间稳定国内的财政经济状况,然后从1969年开始有计划的经济建设,到1994年3月为止,已制定和实施了五个五年计划,完成了历时25年之久的第一个长远发展规划。在这25年期间,印尼确实取得了长足的进步,综合经济实力有很大增强。

旅游景点;增设新的旅游项目,发展会议旅游和海洋旅游;加强旅游专业化,等等,以推动印尼旅游业再上新台阶。

　　在加强对外宣传方面,印尼政府准备在海外设立更多的办事机构。目前已在新加坡、东京、法兰克福、悉尼、洛杉矶等地设立了印尼旅游促销中心,今后拟在荷兰、法国、加拿大也设立类似机构。目前印尼旅游促销活动重点放在新加坡、马来西亚、日本、韩国、印度、德国、中国、欧洲以及中东国家。新加坡和马来西亚一直以来都是印尼国际游客旅游业重要来源地,2008年印尼吸引200万名新加坡游客和100万名马来西亚游客,总共能获得30亿美元的收入。印度和中东地区也是印尼的国际旅游促销重点。印尼还准备利用各种机会,推出各种形式的旅游观光活动,政府继1991年举办"印尼观光年"之后,又于1992年1月发起一场为期10年的"欢迎到印尼旅游"的运动。作为该活动的一部分,印尼1995年在日惹主办了国际旅游文化会议,在泗水举办世界帆船比赛大

会,并全年在欧洲举办印尼文化活动。同时,印尼还计划派出更多的艺术代表团出国访问演出,在国外举办文化艺术展,宣传印尼旅游业的魅力。2007年9月,印尼文化旅游部组团赴乌克兰首都基辅、挪威首都奥斯陆和意大利时装之都米兰,通过举办文艺演出和巴迪克时装表演以及采用业内通行的推销方式,在度假胜地举办会议、展览等进行旅游推介。在此期间,印尼与乌克兰就商签落地签证协定和开通两国直航达成一致意见。印尼还通过延长旅游签证、游说澳大利亚等国取消将印尼列入不宜前往国家名单等措施吸引更多国外游客。2008年度是印度尼西亚旅游年,印尼文化旅游部结合印度尼西亚航空、数家国内知名饭店集团与各地旅游景点营销"Visit Indonesia 2008"概念,印尼举办了100个旅游节目,并开设专门网站,希望通过这些措施吸引更多的国际游客。2008年印尼吸引700万人次的国际游客,获得64亿美元的收入。

印尼政府已意识到发展"会议旅游"的重要性,并将此作为推动今后旅游业发展的重点。为此,政府为到印尼举行的国际性地区会议提供现代化的会议场所、配套的先进通讯设备、训练有素的服务人员、便捷的交通等,并为与会者安排丰富多彩的会间节目及会后娱乐。20世纪90年代以来,印尼政府先后在雅加达举办了"1990年印尼旅游展览会"、"1991年贸易与旅游展览会"和"亚太旅游协会论坛",在万隆举办了"亚洲旅游业讨论会",在巴厘举办了"亚太旅游协会第40届年会"以及"世界旅行社代表大会"等。1993年,印尼作为东道主承办了世界旅游组织第10届大会和不结盟国家首脑会议。1994年11月，亚太经合组织第二次非正式首脑会议在印尼的茂物举行。据统计，1993年在印尼共召开了642个国际会议，与会者共计12万余人。1994年印尼共接待了有14万多人参加的753个国际会议。这些会议不仅为印尼带来大量的外汇收入，而且大大提高了印尼的国际知名度。现在印尼政府正致力于兴建国际会议中心。并计划将雅加达、棉兰、万隆、三宝垄、日惹、泗水、登巴刹和乌云潘当等八座城市逐渐发展成为会议旅游中心。2007年印尼政府和专业会议组织者成功举办了380场会展活动，包括企业会议、奖励旅游、大型年会和展览会(国际通称MICE)，2007年会展旅游收入占旅游总收入的40％。2008年印尼举办了400场会展活动。

会展业在印尼的发展迅速，在过去的几年间已经非常清晰可见的是，雅加达和巴厘岛是最热门的会展团体目的

【走近印尼】

随着经济的发展,印尼人民的生活水平亦得到了相应的改善和提高,人均国内生产总值由1968年的70美元提高到1993年的650美元,贫困人口由1970年的7 000万减至1990年的2 700万,贫穷人口所占比重由60%减至15%。

地。巴厘岛已经是亚太地区最成功的奖励旅游目的地。雅加达成为众多国际会议和展览的目的地,不仅因为它是国家的首都,也是因为它是印尼经济、商业、政治的中心。泗水是印尼第二大城市,位于爪哇岛的东侧,拥有国际机场以及五星级的设施与服务,合理的价位,成为很多新加坡企业客户培训的基地。日惹的众多高等学府,使这里成为科学研究的聚会地点,The Jogja展业已经成为最人的展览。北苏门答腊的棉兰一直以其重要的商业地位吸引着会展客人的到来。2009年新开业的两家酒店J. W. Marriott hotel and Grand Swiss Belhotel,使这里的5星级客房达到了1 410间,4星级酒店客房增加到了1 702间,可以承接大型的会议和展览。印尼将于2013年在巴厘主办亚太经合论坛高峰会议。

正如前面所述,根据世界经济论坛(WEF)公布的2007年旅游竞争力报告显示:印尼旅游业竞争力指数排名居世界第60位。该结果是WEF根据旅游法规政策、人力资源、天然资源、卫生保健、商业环境、基础设施等13项指标对世界124个国家进行综合检测分析后得出的,说明印尼旅游业发展仍有许多差距。印尼政府希望最终能超过泰国,成为东南亚地区接待外国游客最多的国家。

第五节 中国与印度尼西亚在旅游业方面的合作

中国与印尼外交关系在20世纪60年代中期中断,印尼来华的旅游者甚少。1990年8月,两国正式恢复外交关系,推动了两国关系的发展,两国旅游业合作的大门也被打开。1990年印尼来华旅游者为5.52万人次,比前一年增长105%。印度尼西亚特别注意吸引中国游客到印尼旅游,从2005年8月1日起中国游客获得在印尼

落地签证的便利。印尼文化与旅游国务部充分利用这一机会,加快向中国具有潜力的大城市推销印尼旅游业。2004年,中国游客出境旅游人数达2 900万人次,同期,中国到印尼旅游的人数只有15万人次,尽管比前一年增长54.6%,但和邻国马来西亚相比,还有很大差距。2006年,中国赴印尼游客为10.8万人次,而印尼赴中国的游客为20万人次,2007年到印尼旅游的中国游客达20万人次,印尼实现旅游收入2亿美元。中国游客在印尼的主要停留地点是首都雅加达和旅游胜地巴厘岛。为吸引更多的中国游客赴印尼旅游,印尼政府做出了积极的努力,除扩大在中国的旅游宣传外,还出台了落地签证政策,同时增加中印尼往返的航班次数至每周16次。为宣传本国旅游资源,印尼政府2007年开通中文版旅游咨询网站,在广州设立旅游咨询中心,并在中国多个城市举办旅游推介活动。印尼政府认为需努力改善旅游环境,设法提高从各大城市前往巴厘岛的直接航线,尤其加强中国有潜力城市与印尼间的航线服务。为此,印尼最大的航空公司鹰记航空公司在中国大力宣传2008印尼旅游年。鹰航总经理表示,随着中国居民生活水平的提高,越来越多的人选择出国旅游。中国游客来印尼度假的潜力非常大,很多中国游客喜欢到巴厘岛旅游,我们应抓住机遇,大力宣传2008年印尼旅游年,推出一系列新的旅游产品和配套服务,争取2008年吸引30万名中国游客到印尼旅游。目前,鹰航在中国各分公司已经准备好一些推介活动,如"好客的印尼"和"印尼之旅"宣传活动、安排记者每月按不同主题对印尼进行宣传报道、举办中印尼高尔夫球赛等。鹰航与中国旅行社合作,推出适合中国游客需

【走近印尼】
　　印尼作为世界最大的大米进口国于1984年实现了粮食自给目标。印尼是一个拥有2.2亿人口的农业大国,发展粮食生产、解决人民的吃饭问题是一个关系到政局稳定和经济建设成败的关键问题。从20世纪70年代中期开始,印尼就开始推行"绿色革命",增加化肥、农药的供应,推广高产品种。

求的服务,并增加航空常旅客的里程积分。

为支持"2008印尼旅游年"、吸引更多中国游客到访印尼，2008年4月1日中国工商银行与印尼文化旅游部在雅加达签署合作协议,为持有ICBC银行卡的中国游客赴印尼旅游办理签证及食宿提供便利。印尼驻中国大使馆于2008年9月份与印尼其他政府部门,如文化旅游部、贸易部出口发展机构、投资统筹机构以及印尼一些地方政府合作,在北京举办"印尼周"宣传活动。"印尼周"活动重点宣传印尼的文化及旅游,同时宣传印尼贸易投资方面的有关政策。为吸引中国游客到印尼旅游,印尼还特别在上海举办了旅游展览。上海游客每年到印尼旅游的人数达到了6万人次,主要目的地是印尼著名的旅游胜地巴厘岛。2008年1月,印尼鹰记航空增开30个国际航班,其中北京—雅加达航线增开12个航班,广州—雅加达航线增开12个航班,上海—雅加达航线增开6个航班。印尼鹰记航空公司还改用A330宽体客机来提高运力。特别是为了提高雅加达—北京航班的服务,鹰记航空计划2010年在这条航线上采用更大型的,机身也更宽广的空中巴士。为吸引更多中国游客来访,鹰航从2008年12月20日起开通了巴厘岛和上海间的直飞航班。通过相关各方不断努力促销,2008年到访印尼的中国游客已达33.2万人次,同比增长了101％,超过2008年吸引中国游客30万人的目标。印尼政府计划2009年吸引中国游客48万人次,2010年增长25％达到62.5万人次,2012年实现100万人次。结果2010年到印尼旅游的中国游客超过70万人。目前,两国政府正就开辟中国桂林至印尼巴厘岛航线进行商讨。此外,2009年4月3日,印尼文化旅游部与中国工商银行续签了合作备忘录:以继续双方在推动中国游客赴印尼旅游方面的合作。

第六节　财富达人的致富之道

储蓄存款的形式有很多,基本的形式有活期存款、整存整取存款、零存整取存款、存本取息存款、整存零取存款、定活两便以及通知存款等。除此之外,有奖储蓄、住房储蓄、教育储蓄、保值储蓄、代发工资储蓄等。

1.选择适宜的储蓄种类

储蓄存款,不同的存期所获得的利息不同,不同的种类它们的特点也不同。临时的生活备用资金可存活期,因为活期存款灵活方便,适应性比较强。那些节余下来的,暂时不用的资金,可存定期存款,其特点是存款越长,利率越高,计划性相对比较高。如果有子女要受教育的,可以选择零存整取式的教育储蓄,用于学费的积累,这类储蓄方式的特点是利率优惠,利息免税。

如今银行储蓄存款的利率变动相当频繁,所以"80后"储户在选择储蓄存款时尽量选择短期,不宜太长。

2.认真填写单据

在储蓄存款的时候,储户应该认真填写各种单据。如账号、户名、存入日

【理财密码】
储蓄虽然是一种最为安全的理财方式之一,但是我们也会在生活中常常遇到存折遗失、存款账户被盗、存款被冒领等问题。因此,对于储蓄存款"80后"要仔细谨慎,方方面面都不可以掉以轻心,以免造成不必要的损失。

期、存款银行地址以及存款种类等。这些都要储户本人亲自填写，以免工作人员听错、写错，导致不必要的麻烦。当然，如果真的出现什么差错，也可以通过核对笔迹来维护自己的利益。一些银行有免填单的服务，储户应该认真核对上面的账号、户名以及金额等内容，避免出现差错。

储蓄开户后，储户应该准确及时地将存单或者存折上的各项内容记录到专用的本子上，如户名、账号、金额、存入日期、开户银行以及储蓄种类等。这样，如果存单、存折遗失或者被盗的话，可以凭借记录下来的内容及时到开户的银行办理挂失。

3.知识补充

储户的储蓄存单、存折、印鉴如不慎遗失、被盗或密码遗忘，储户应立即到开户银行办理书面挂失手续。挂失时储户应持本人身份证件(身份证、暂住证、护照等)并提供账户、户名、开户时间、金额、币种、期限等有关存款内容，经银行审核无误后即可办理挂失，银行经查实确未支付方可受理。

注意：如挂失前存款已被人冒领，银行不予受理。

4.存款实名制

在储蓄存款时，储户应该使用真实的姓名。如果使用的是化名，那么储户与银行之间原有的债权债务关系就不再受到法律保护，需要待银行以及公安部门核实后，方可重新确定这种关系。

【理财密码】
如储户不能亲自前往银行，可委托他人代办挂失，同时提供代办人身份证件。密码挂失不准委托他人代办。

5.尽量独立恢复

应妥善放置存单或存折，尽量不要与身份证、印章以及户口簿等能证明本人身份的物件放在一起，以免被别人盗用。同时也不要与记录存单或存折的本放在一起。

6.预留密码

储蓄的安全问题十分重要,在向储蓄机构办理储蓄业务的时候,尽量预设好密码。而且,所设的储蓄密码一定要记住。在有多个账户时,最好选用固定的号码,不要随意改变,以免给自己的记忆带来不便,从而导致存储的时候出现差错。

在许多人的眼中,储蓄无外乎是办一个活期或定期的事情,然而,储蓄也是有许多窍门的。从理财的角度来说,储蓄应以短期为主,重要的是存取方便,同时又享受利息。长期的储蓄,就目前的银行利率,考虑到通货膨胀和暂停收取的利息税等因素,钱存的时间越长,那么所要承受到的贬值风险也就越大。下面就来介绍几个储蓄的小窍门。

1.储畜结构合理搭配

合理地对存款结构进行安排能够获得较高的利息收入,同时还能够很好地保证存款的流动性。

2.定期存款为主的存款方针

在储蓄理财的时候,应以定期存款为主,通知存款为辅,辅以少量的定活两便和活期储蓄,因为不管是长期、中期,还是短期存款,在相同的期限内,收益最大的是定期存款。

3.采取滚动储畜法

"80后"可以隔上一两个月就存上一笔定期,时间一长,每隔一两个月就会有

【理财密码】

假如你只是存活期,那么,最好每半年就去银行作一次结息,然后再把本息一起存入。这是因为,每年6月30日是活期存款账户的结算日,适当的取息再存,能够获得利滚利的收益。

【理财密码】

如果拥有其他一些理财产品,例如,基金、股票、外汇以及期货等,都是无法在开立存款证明时使用的。

一笔定期到期,想要用钱的时候就会很方便,哪怕因为有急事想要提前支取,损失的利息也非常有限。

4.准备长期定期储畜

如果想让自己的孩子将来能够出国留学,那么就需要从现在开始坚持长期存定期储蓄,并且要保证手中的每张存单的期限都在半年以上。

由于子女出国会被要求提供大额存款证明,而银行开立的存款证明只能对从开立日起之后在银行的存款进行证明,是无法对开立日之前的银行存款进行证明的。而像一些对于办理出国留学签证要求比较严格的国家,就会要求证明前后6个月在银行的存款,这就需要你拥有银行所开立的存款证明存单的存入日来证明。

5.7天通知存款打理"闲钱"

对于一笔不能确定用途和暂时不用的"闲钱",可以采用7天通知存款的方式对其进行打理。这是介乎于活期存款和定期存款之间的一种存款业务,在储户把资金存入之后,就能够获得比活期存款要高,但是低于一年期定期存款的利息。需要注意的是,在提现的时候最好提前7天通知银行。

案例:100万美元的差异

这是某证券市场和投资行为的经济学者给财务系学生的一个习题,从而让学生们明白尽早开始储蓄的重要性。在这个习题的数字计算之中,隐含了一个最重要的投资原则,那就是:让时间为你工作——为退休而储蓄,永远不会嫌太早。

汤姆和杰瑞是一对双胞胎兄弟,目前65岁。在45年前,也就是在两人年满20岁的那一年年底,汤姆设立了个人退休账户,在每一年的年底,汤姆都会往账户中存入2 000美元。在连续存了20年之后,汤姆不再往账户中存钱,而是选择让账户内的余额继续累积,账户每年都会产生10%的免税利息。而杰瑞到了40岁,才设立了自己的个人退休账户。杰瑞每年也往账户中存入2 000美元,在持续了25年之后,再往账户中存入了最后一笔钱。从存入的总额来看,杰瑞比汤姆多出了25%,而两人账户的报酬率是一样的。那么,到目前为止,两个人的个人退休账户中的余额各是多少,从中我们又能学到些什么呢?

这个答案往往会让学生感到不可思议。汤姆账户内的余额接近了125万美元,而杰瑞的余额却连20万美元都不到!尽管杰瑞存入账户的金额要高许多,可是汤姆的储蓄却要高出100万美元。从中我们可以得到的结论是:只要存储的时间早,就能累积更多的储蓄。

第七节　财富名人榜——郭鹤年

1924年，郭鹤年生于印尼柔佛州新山市家中，他自幼聪明过人，而且非常好学，博览群书，成绩总是名列前茅，从英文学校毕业以后，他考入新加坡莱佛士学院。

1949年，郭氏兄弟有限公司在马来西亚的新山市正式成立，郭鹤年任董事长。经营业务以大米为主，兼营食糖、面粉等业务。

1955年，郭鹤年把公司的业务转移到食糖上，并创办了马来西亚第一家制糖厂。到20世纪70年代，在国际市场上每年上市的1600万吨糖中，郭氏企业集团控制了10%左右的份额。在马来西亚的糖业市场上，郭氏企业则占到了80%的份额。郭鹤年成了名副其实的"糖王"。

1962年，为了扩大自己的面粉经营，郭鹤年投资兴建联邦面粉厂，从加拿大、澳大利亚进口小麦加工面粉，同时大量发展食品加工、食用油提炼等业务，形成粮油生产、食品加工销售一条龙企业。80年代，为充分利用面粉食油等企业原料，又开办了饲料加工业。

1968年，鉴于马来西亚航运业被外方垄断的局面，郭鹤年积极支持政府建立自己的航务公司，由他出资7.7%的马来西亚国际航空公司应运而生。1968～1977年，郭鹤年一直担任大马国际航空公司董事主席。1976年，该公司盈利高达1 800万马元。1977

年，郭鹤年又在香港成立自己的利克务轮船公司，拥有5艘新船，总吨位在2.5万吨。

1970年，郭鹤年开始投资旅游宾馆业。他独资在新加坡修建香格里拉大酒店，成为当时新加坡最豪华的五星级宾馆。1981年，又在香港建造同名大酒店，并以豪华的设施、优质的服务，得到香港"最佳宾馆"的殊荣。接着，他又在吉隆坡、槟城、曼谷、汉城、北京等地兴建香格里拉酒店，构成亚太地区最大的酒店集团。郭鹤年也因"香格里拉"而声名鹊起，成为名重一时的"酒店大王"。

1980年，郭鹤年出资22亿港元入股香港电视。1993年10月，郭鹤年的嘉里传媒有限公司买下了《南华早报》的榨股权。通过《南华早报》，郭鹤年持有香港电视企业的三成股权，市值3亿多元，是香港电视业的第二大股东，成了"传媒大王"。

1992年，郭鹤年退休，将事业交给他的儿子们。不过事实上，他是退而不休，仍然拥有郭氏集团的最高决策权，尤其是在对中国内地与香港的投资方面。在北京、香港、天津、深圳、福州等地，人们依然可以看见郭鹤年忙碌的身影。

名人故事

新加坡政府于1986年1月21日将陈群川逮捕，控以唆使刑事背信、操纵股市及欺骗等15项罪状。郭鹤年决定力保陈群川。保释金则从2 000万元新币提高到了4 000万元新币，破世界最高保释金纪录。

人们不清楚郭鹤年与年龄比他小一轮以上的陈群川之间到底有什么关系，只传出他对由贫困发迹的陈群川很同情。而郭鹤年自己则说："在朋友需要的时候帮助他，才是真正的朋友。"

第四章 千岛之国矿业的发展

　　印度尼西亚疆域辽阔，是东南亚地区的矿业大国，其矿产从油气到煤、镍、锡、铅、铜、金、银、铬、铝土矿、硫和高岭土等，资源潜力极大，优势极其突出。

　　人是具有社会性的，人不可能脱离社会而寻求发展，生活、工作、娱乐都离不开社会。因此，人所处的社会处于什么样的状况，将会对人产生极大的影响。个人的发展都是在顺应国家或者整个社会大的发展背景下完成的，不顺应社会时代的发展，是不可能取得成功的。所以我们都相信这样一个道理，在国家提倡发展环保事业的时候，你还试图通过发展污染性高的行业来谋取暴利，这样违背社会大环境的举措，绝对不可能获得成功。2007年金融危机刚刚爆发的时候，很多经济学家都预测世界将有较大的通货膨胀发生，就是相当于减薪。

第一节　印尼矿业常识

　　印度尼西亚疆域辽阔，是东南亚地区的矿业大国，其矿产从油气到煤、镍、锡、铅、铜、金、银、铬、铝土矿、硫和高岭土等，资源潜力极大，优势极其突出。此外，还蕴藏有白银、锰、铀、长石、大理石、花岗岩、石英砂、瓷土、白云石等。其矿产资源潜力与俄罗斯等10个国家并列世界第一。

　　印尼矿业尽管起步较晚，但现在已跻身于世界矿业大国之列。根据近年来世界矿业生产的数据来看，印度尼西亚除了是世

世界行
CAI FU SHI JIE XING

【走近印尼】

20世纪80年代以来,苏哈托继续把农业生产放在优先位置,把发展稻米生产,实现粮食自给作为自己的奋斗目标之一列入施政纲领,以便使人民大众有均等机会获得基本生活资料的保证。结果,印尼粮食产量大幅度增加,到1984年终于实现了梦寐以求的粮食自给目标,摘掉了世界最大的大米进口国的帽子。

界第二大锡生产国外,还是第三大煤出口国、第五大镍生产国和第六大黄金生产国,铜产量也进入了世界前十位。石油探明储量总计13亿多吨,是目前东南亚石油储量最多的国家。另外,据估计,印尼沿海海底石油蕴藏量要比陆上石油多3～5倍,以三马林达近海的阿塔卡油田为最大。印尼天然气储量也很可观,约73万亿立方米。印尼的锡矿储量也很大,是继马来西亚之后的世界最大锡生产国,镍矿储量562万吨,居世界前列。伊里安查亚还有丰富的铀矿,廖内群岛的宾坦岛有铝土矿,日惹附近产锰。金刚石推测储量约150万克拉,居亚洲之首,主要分布在加里曼丹。

矿业在印尼的经济中占有重要地位,2007年矿业产值占GDP的9.1%,在政府收入中所占的比例超过20%,2006年这一数字高

达35%。近年来,全球矿业保持快速增长势头,矿产需求,尤其是来自亚洲地区的需求非常强劲,供不应求的局面持续存在,因而导致矿产品价格继续上涨。在全球矿业繁荣的背景下,印尼采矿业表现也较为出色。采矿业2006年向政府缴纳各种税费34亿美元,比2005年增加27%,创近10年来最高;矿业从业人员达38 000人,比2005年增加3%。采矿业为印尼国民经济创造了直接经济效益,它是出口创汇、增加中央和地方财政收入的重要渠道,也为保持经济活力、创造就业和发展地区经济做出了积极贡献。同时还具有辐射经济、社会其他领域的间接效益以及对边远地区发展具有推动作用。2009年,矿物资源与能源领域收入占印尼政府财政收入的24%。

第二节　矿产资源储备与开发现状

一、石油与天然气

印度尼西亚为东南亚唯一的欧佩克石油生产国,石油和天然气为印度尼西亚国民经济的支柱产业,占政府收入的24%,油气出口收入占印度尼西亚出口总收入的15%。

印度尼西亚是世界重要的油气资源国,全国约有60个大小不等的沉积盆地,具有油气远景的陆上盆地面积为80万平方千米,海上盆地面积150万平方千米。已经发现340多个油田和54个气田。据美国《油气杂志》最新统计显示,截至2008年底,印度尼西亚石油剩余探明可采储量为5.99亿吨,占世界总储量的0.3%,居世界第25位,石油主要分布在苏门答腊、爪哇、加里曼丹和巴布亚。

【走近印尼】

印尼从1986年开始向国外输出大米。之后,印尼当局面临的新课题是如何储存大米以及在国际大米市场如何与泰国、缅甸的优质大米竞争。印尼的经验受到第三世界国家的高度重视,苏哈托亦因此获得了联合国粮农组织颁发的金质奖章。

较大的油田有中苏门答腊的Minas、Duri和Bangko油田,苏门答腊东南海上的Cinta和Rama油田、东加里曼丹的Bunyu Handi和Bakapai油田,西爪哇海上的Arjuna和Arimbi油田等。其中两个最大的油田米纳司(Minas)和杜里(Duri)油田,位于苏门答腊岛东部沿海。两大油田在二战前发现,20世纪50年代才开始出产原油,到1963年两大油田生产的石油就占印尼石油产量的50%。这两个油田由美国雪佛龙公司经营,均为成熟油田,近年来石油产量逐年下降。近年在爪哇东部和中部的炽布(Cepu)区块也发现了大油田,埃克森美孚公司等参与了炽布区块的勘探。经过近年的协商,2006年3月埃克森美孚公司与印度尼西亚国营石油公司PT Pertamina签署了开发炽布油田的协议,每个公司拥有该项目45%的权益,剩余10%为印度尼西亚政府拥有。估计炽布区块石油可采储量为6亿桶,该项目2008年投产后,高峰产量为18万桶/日。在印尼最近一轮石油勘探对外招标中,一批印尼公司和埃克森美孚、菲利普斯等外国公司中标。虽然有多个上述正在执行的勘探项目,但这些项目均未获得足够的新发现来弥补老油田产量下降。

印度尼西亚为亚洲第二大石油生产国,石油产量居世界第20位。印尼的石油生产在1976年达到顶峰,并且持续了近20年时间,1995年因油田老化且缺乏投资,产量开始下降。印尼目前石油日产量不足100万桶,日消费量120万桶。印度尼西亚石油主要产自西部盆地,自2000年由于成熟油田产量自然递减,印度尼西亚石油产量不断下降,2006年石油产量为4 990万吨,比2005年下降5.8%,2007年为4 740万吨,比2006年下降5.0%,比2000年下降33.7%。2008年为4 910万吨。

印度尼西亚为亚洲重要的石油出口国,2006年石油出口收入为153.3亿美元,占其出口总收入的15.6%。2006年石油出口量为52.7万桶/日,其中原油出口量为30.13万桶/日,主要出口到亚太地区的日本为10.97万桶/日,占原油出口量的36.4%,韩国为6.21万桶/日,占

【走近印尼】

印尼成功地实现了经济的两次转型,为国民经济的发展和起飞奠定了基础。印尼拥有丰富的石油和天然气资源,印尼政府凭借这得天独厚的资源优势,利用20世纪70年代国际市场油价上涨的良机,大力开发油气资源,使之成为印尼的经济支柱,政府财政收入的主要来源,印尼迅速成为东南亚最大的石油生产国和出口国。

原油出口量的20.6%，澳大利亚为5.04万桶／日，占原油出口量的16.7%，美国为1.57万桶／日，占原油出口量的5.2%。

印尼国营石油公司在石油上游领域的对外开放正在扩大，投资印尼石油业的外商包括雪佛龙、BP、埃克森美孚、道达尔等。但印尼国营石油公司仍在该国石油下游占主导，该国8个炼油厂均由印尼国营石油公司经营。

印尼共有8家炼油厂，日炼油能力100万桶，炼油厂分布在爪哇、加里曼丹等地。产品主要有燃料油、润滑油以及其他油基产品。总体讲，品种太少，不能满足国内消费，柴油和航空油相当一部分要靠进口。印尼国内最大的三个炼油厂分别是：位于中爪哇的芝拉扎(Cilacap)炼油厂，位于加里曼丹的巴厘巴板(Balikpapan)炼油厂和位于爪哇的巴龙安(Balongan)炼油厂，三家炼油厂每天的石油加工能力分别为34.8万桶、24.09万桶和12.5万桶。印尼政府正在计划新建、改造

和扩建炼油厂，提高炼油厂的设备和现代化程度。其中，巴厘巴板炼油厂2014年完成扩建以后每天将增加产能4万桶。另外，巴龙安炼油厂、芝拉扎炼油厂以及廖内岛的杜班(Tuban)炼油厂也将于2014年完成扩建项目，届时三家炼油厂每天将分别增产20万桶、6.2万桶和20万桶。而印

【走近印尼】

巨额的石油收入，为印尼积累了大量资金，确实推动了印尼国民经济的迅速发展，同时亦使印尼建立起拥有全部先进技术设备的从勘探、采掘、冶炼到石油化工的比较完整的石油天然气工业体系。

尼在巨港的Plaju炼油厂在2012年完成扩建工程，扩建后每天产能将增加2.05万桶。印尼还试图吸引外国投资者来印尼建造新的炼油厂以满足国内需求。由沙特的Al-Banader国际集团(40%)、中国国家电力设备公司(40%)和印尼PT Intanjaya Agromegah Abadi (20%) 三方合资成立的PTKilang Minyak Intan Nusantara公司在印尼投资60亿美元建设两座炼油厂，于2005年建成投产，原油炼制能力为30万桶／天。这两座炼油厂主要加工沙特原油，炼油产品主要出口至中国市场。美国和沙特企业联合投资位于南苏拉威西岛的巴里—巴里(Pare-Pare)炼油厂，预计2010年建成，日炼油能力30万桶。由Pertimina与伊朗国家石油公司、马来西亚国家石油公司合资兴建的万丹炼油厂总投资780万美元，将于2015年建成投产，日原油加工能力为15万桶。

由于印度尼西亚已经成为石油净进口国，因此其在世界能源市场上的未来取决于其作为天然气生产国的潜力。印度尼西亚的天然气储量是其石油储量的3倍，截至2007年底，印度尼西亚天然气剩余探明可采储量为26 589.66亿立方米，占世界总储量的1.5%，居世界第13位。印尼大部分天然气资源位于北苏门答腊省的Aceh和阿伦天然气田、东加里曼丹陆上和海上气田、东爪哇Kangean海洋区块、巴布亚

的一些区块。

印度尼西亚为亚洲最大的天然气生产国,2006年产量为693亿立方米,比2005年增长0.9%。2007年产量为667亿立方米,比2006年下降3.8%,居世界第10位。2008年印尼的天然气产量为697亿立方米,约占世界总产量2.7%。印尼原为世界最大的液化天然气(LNG)出口国,年出口量为3 600万吨。这一出口水平使印度尼西亚占领了世界市场20%的份额,在亚太市场上则占据了35%的份额。两个最大的LNG处理厂为阿伦(Arun)和邦坦(Bontang)。印尼天然气产量近年也不断下降,现是世界第二大LNG出口国。为了弥补产量下降,印尼不断加强天然气勘探,努力增加天然气产量,满足长期LNG供应合同需求和国内需求,目前有几个在建的新项目,其中在西巴布亚岛的东固(Tangguh)LNG厂已初具规模。

印尼天然气大部分是作为液化天然气出口,但近年国内天然气消费量逐年上升,2000年国内的天然气产量60%供出口,40%

国内消费,但到2008年年底,国内消费上升到占63%,其余37%供出口。印尼液化天然气出口量约68%流向日本,19%流向韩国,剩余的流向中国台湾省。印尼2006年LNG出口量为295.7亿立方米,占世界LNG总出口量的14.0%,主要出口到日本(186.0亿立方米)、韩国(87.2亿立方米)和中国台湾(42.5亿立方米)。2007年LNG出口量为277.4亿立方米,占世界LNG总出口量的12.3%,居世界第2位,主要出口到日本(180.7亿立方米)、韩国(51.2亿立方米)和中国台湾(45.5亿立方米),此外还有少量出口到中国香港和澳大利亚、美国等地。2008年印尼液化天然气(LNG)出口总量268.5亿立方米,仍然主要流向中国台湾地区和日本、韩国。其中出口到中国台湾地区40亿立方米日本187.9亿立方米,韩国40.6亿立方米,当前印尼在全球LNG出口市场上的份额正在逐步被阿曼、卡塔尔、俄罗斯和澳大利亚等国家所挤占。

二、其他矿产

尽管矿产品价格高涨,近几年里,印尼却几乎没有新的矿区投产,因此矿产量提高有限,但印尼锡、煤、镍、金、银等矿产产量居世界前列。

据美国能源署统计,印尼是世界第四大煤炭储藏国。印尼的煤炭资源将来有可能取代石油和天然气,成为印尼的主要能源,同时在未来10年内,印尼煤炭出口量仍可能上升。印尼煤炭资源丰富,是世界上最大的发电用煤炭出口国之一。目前已经探明的煤炭储量为53亿吨,根据预测,印尼煤炭远景储量可达190亿吨,占全球煤炭储备量的3%左右,可开采150年。印尼已探明煤炭储量主要分布在苏

【走近印尼】

进入20世纪80年代以后,世界石油市场价格暴跌,初级产品的地位日益衰落,造成印尼经济的大滑坡,这使印尼政府认识到,仅仅依靠石油和天然气,很难使经济继续而稳定地发展,更难实现国家的工业化和现代化。

门答腊和加里曼丹两岛，特别是集中在苏门答腊岛的中部和南部以及加里曼丹岛的中部、东部和南部。从褐煤到无烟煤，印尼煤炭品种齐全，当地的火山活动更是提高了褐煤的品质。此外，印尼的煤矿多为露天矿，具有埋藏浅、煤层厚、开采方便等产业优势。煤炭业最近10年年平均增长速度达到15%，2003年煤炭产量达到1.14亿吨，2004年1.32亿吨，2005年1.51亿吨，2006年和2007年分别达到1.81亿吨和2.15亿吨，2008年印尼煤炭产量上升到2.39亿吨，比2007年增加8.84%，2009年煤炭生产为2.54亿吨，2010年共生产3.25亿吨煤炭，2011年印尼煤炭产量为3.35亿～3.50亿吨。煤产量的提高主要来自现有几个大矿区产量的增加。矿区主要分布在苏门答腊和加里曼丹两岛，其中苏门答腊占67%，加里曼丹占31%，煤矿99%为露天矿。但随着近年来开采量增加，露天煤矿的面积逐渐缩小，未来开采深度和难度将逐渐增

加。印尼煤炭生产企业正努力提高产能,一些新的煤炭企业纷纷成立,这将有助于印尼煤炭年产量的提高。印尼全国有164家煤矿企业,其中34家拥有煤矿开采权,129家拥有煤矿代理人委托书,还有一家为印尼的国营煤矿企业Bukit Asam公司。拥有煤矿开采权10家企业的煤炭产量占印尼煤炭产量的80%。

阿达罗(Adaro)和卡尔蒂姆·普里马公司(Kahim Prima)是印尼最大的两家煤炭企业,年产量均在2 000万吨以上。吉代阔·加压·阿贡 (Kideco Jaya Agung) 公司和阿鲁特明公司(Arutmin) 是第三和第四大煤炭生产商。印度尼西亚也是一个煤炭出口量不断增加的大国,印尼煤炭2 / 3出口到中国台湾、香港地区和日本、韩国,1 / 3供国内发电厂发电。1988年印度尼西亚仅出口了450万吨煤炭,14年后,印度尼西亚于2002年出口7 500万吨煤炭。印度尼西亚煤炭出口量增加的主要原因是其煤炭生产成本低,距市场近,运费较低,另外印度尼西亚煤炭质量好,具有高水分、低灰分、低硫分、高挥发等特性。

2007年印尼生产的2.15亿吨煤炭中, 国内需求5 200万吨,1.63亿吨供出口,煤炭出口收入大约达到70亿美元。2008年产出的2.34亿吨煤炭当中, 用于印尼国内的仅占5 500万吨,其他1.79亿吨供出口市场。

2009年印尼煤炭产量2.54亿吨,国内需求为5 600万吨。在2010年3.25亿吨煤炭产量中2.65亿吨用于出口, 创汇187.3亿美元,6 000万吨用作国内企业的生产消费。2011年印尼煤炭产量预计为3.35亿~3.50亿吨, 而出口将达到2.70亿2.85亿吨。据印尼能源矿

【走近印尼】

煤炭产业已成为印尼出口支柱性产业之一,印尼政府认为煤炭产量仍有较大提升潜力。

产部预计,到2025年,印尼煤炭产量将达到4.05亿吨,其中2／3以上将用于出口创汇。印尼于2005年超过澳大利亚,成为全球电站用煤的最大出口国,根据2005—2006年世界煤炭贸易数据,印尼出口的煤炭占世界煤炭贸易量的25％。印尼2009年颁布实施的新《矿产和煤炭法》及随后陆续颁布实施的有关政府条例,是从事煤炭勘探开发等活动的最主要法律法规。因本国资金匮乏,印尼总体上对外资进入其能源矿产领域持开放态度,但也设定了一些限制。特别是随着印尼两期1 000万千瓦电站项目陆续建成发电,印尼国内对煤炭的需求将持续增长。据测算,每生产1 000万千瓦电力需消耗4 000万吨煤炭。鉴此,印尼政府近来强调煤炭生产须优先满足国内需求,然后才可考虑出口。为抑制煤炭出口过快增长,确保国内市场供应,印尼政府限定2009～2025年间每年的出口量均在1.5亿吨左右,并从2005年12月25日开始,对煤炭出口加收5％的煤炭出口税。该项政策实施后受到煤炭出口商的强烈反

对,也削弱了印尼煤炭在国际市场的竞争力。该项税收政策原本打算抑制煤炭出口增长,但事实上印度尼西亚煤炭出口量却大幅攀升。由于政策实施的效果不明显,加上煤炭出口商的强烈反对,政府对该政策进行了调整,2006年9月13日,政府取消了该项关税,该关税实施只维持不到1年的时间。但由于印尼国内对燃煤需求剧增,印尼政府于2010年起重新限制煤炭出口,当年价格上涨40%。

印尼金矿资源储量约191万吨,探明储量3 200吨,居世界第五位。金银的开采在印度尼西亚有着久远的历史。黄金的产量一直在快速增长,1999年的金产量增加了11%,金产量达155吨,居世界第六位。2004年产量193吨,出口金锭790千克。主要经营公司有印尼国营矿业公司,PT Newmont Nusa Tenggara、PT Freeport Indonesia Company、PT. Aneka Tambang、PT. Newmont Minahasa等5家公司。2005年产金103.3吨,2007年金产量117.9吨。印尼黄金主要产自巴布亚省的格拉斯贝格、艾斯伯格两座矿山和中加里曼丹省的一些矿山以及西努沙登加拉省的松巴哇岛矿区等。

印尼铜矿主要分布在巴布亚岛的Grassberg、Inter-Mediate ore-Zone和Big Gossan地区、北苏拉威西岛的哥伦达洛省。印尼是世界铜资源大国,资源储量约6 600万吨,探明储量为4 100万吨,占世界总量的7.1%,列世界第二位。1999年铜产量79.03万吨,2004年产量280万吨,2007年印尼的铜产量179.7万吨。由于印尼几家大型铜矿开采商产量萎缩,2010年全国铜产量预计为101.6949万吨,2011年64.4098万吨,均明显下降。由于印尼国内至今还没有冶炼铜的能力,所以开采出来的铜矿石未经加工就全部出口海外,1999

【走近印尼】
面对外部世界的严峻挑战,印尼政府20世纪80年代中期接受一些专家学者的建议,果断调整经济发展战略,推行一条由"非石油生产和出口"来带动的发展战略,推动经济的第二次转型和产业结构的升级,使经济逐步多样化、合理化。

【走近印尼】

　　印尼政府制定符合国情的人口政策，解决国内的人口问题。据印尼官方统计，印尼人口1990年达到1.79亿，1991年上升为1.85亿，是当今世界仅次于中、印、美的第四人口大

年出口48.50万吨，居世界第二位，2004年出口约180万吨，2007年铜矿出口值达到79亿美元。印尼铜矿开采基本上被外国公司或合资企业所控制。美资占80％的印尼自由港公司(PT FreeportIndonesia Company)是印尼最大的铜业公司，其矿区在巴布亚岛。其次是美、日和印尼各占45％，35％和20％股份的纽蒙公司 (PTNewmont Nusa Tenggara，简称NNT)，矿区在西努沙登加拉岛。

　　印尼锡矿主要分布在西部的邦加勿里洞、井里汶岛以及苏门答腊岛的东海岸地区，资源储量146万吨，已探明储量约46万吨。其中邦加—勿里洞岛是印尼锡矿开采中心。据美国地质调查局的资料，2007年印尼锡储量约80万吨，占世界总量的13.1％，列世界第三位。目前，经营锡矿开采和加工的企业主要有印尼国营锡业有限公司 (PT Tambang Timah Tbk)(印尼政府持有65％的股份)和

PTKoba Tin(马来西亚冶炼公司拥有75％的股权)两家公司。其中印尼国营锡业有限公司的产量占国内总产量的80％以上，是国内最大同时也是世界第二大的锡矿生产商，2008年营业收入达到9.08万亿盾，2009年由于全球锡矿需求减少，价格下跌，该公司收入降为7.6万亿盾(约7.98亿美元)。印尼是继中国之后全球第二大锡生产国，是世界最大的锡矿出口国。印尼成品锡6％在国内销售，其余94％出口，主要出口目的地：美国20％，日本19％，英国14％，韩国12％，中国10％，法国8.5％。根据印尼贸易部的统计，2005年产锡6.94万吨，2007年印尼锡产量达到9.3735吨，总值13.54亿美元，已达世界总需求的40％，2006年精炼锡出口12.5万吨，2007年印尼的精炼锡出口量下降到8.63万吨，锡矿出口收入达到12亿美元。2008年的锡产量8.4356万吨，没有达到预期的10万吨。预计2009年锡产量将较2008年增加47％至10.5万

吨。印尼锡矿主要问题是,在邦加岛—勿里洞岛几个世纪的锡开采已经破坏了当地的环境,加上走私和非法开采严重,促使政府在2002年禁止出口锡矿石。从2009年开始印尼政府对锡生产实施新的限制措施,将锡年产量限制在10万吨以下,以保证合理的开采,市场的供应以及减少在主要锡矿区的环境破坏,同时政府加大了对邦加—勿里洞地区非法采矿的打击力度。

印尼镍矿资源储量约13亿吨,探明储量6亿吨,约占世界总量的5.2%,居世界第8位。主要分布在马露古群岛、南苏拉威西省、东加里曼丹省和巴布亚岛。2003年镍矿石产量436.6万吨,2004年439.5万吨,出口约325万吨。2005年产镍370.7万吨,2007年镍矿出口达到23亿美元。2008年产镍657.2万吨,2009年镍矿生产指标为1 085万吨。目前,主要由印尼国营矿业公司PT AnekaTambang Tbk和加拿大的PT International Nickel Indonesia(INCO)公司经营。由于冶炼技术和设备的缺乏,印尼国内对镍矿需求很少,对镍产品的需求则从国外进口如中国、日本和美国。印尼现存的大型镍项目有:法国埃赫曼的Weda Bay项目,位于Halmahera岛,至2013年将每年生产6万吨镍;澳大利亚力拓的苏拉威西(Sulawesi)项目,位于苏拉威西岛,自2015年起每年将生产4.6万吨镍;印尼PT Inco的苏拉威西项目,通过建电厂等增加镍产量至每年9万吨。印度尼西亚国营多种矿业公司(PT. Antam)2009年5月5日发布消息,寻找合作伙伴,共同开发位于马鲁古省哈马赫拉(Halmahera)地区的镍矿。根据一项可行性研究报告显示,这项工程将耗资18亿美元。此前多种矿业曾和澳大利亚矿业巨头必和必拓矿业集团(BHP Biliton)合作开发哈马赫拉的镍矿,但后来必

【走近印尼】

印尼政府早就看到人口过多对经济社会带来的不利影响,因此,苏哈托上台后,毅然抛弃了苏加诺时期"印尼物产丰富、国土辽阔,可以养活更多人口"的旧观念,制定和推行控制和疏散相结合的人口政策,大力开展计划生育运动,以控制人口出生率。

和必拓出售了该项目大部分股份,因此多种矿业开始寻找新的合作伙伴。

印尼铁矿主要分布在爪哇岛南部沿海,西苏门答腊、南加里曼丹和南苏拉威西,总储量为21亿吨,但基本没有大规模开采。目前,从事铁矿生产的主要有印尼国营矿业公司和印尼铁矿砂公司,年产量仅几百万吨。印尼铁矿不出口,主要满足国内需求。国营KrakatauSteel 1989年进口200万吨高品位的铁矿石。铁矿是钢铁工业主要原料,2006年印尼钢铁总产量702万吨, 比2005年增长3.64%。2006年印尼共进口210万吨钢材,比增10.52%,主要为国内无法生产的、特别是汽车、电子工业所需的特种钢材。2007年印尼政府将工作重点放在增加国内产能、减少对进口的依赖上。为此,工业部特拨资金对全国铁矿石开采进行调查。国营钢铁生产企业PTKrakatau Steel也投资5 000万美元,在2010年前在南加里曼丹建成新的铁矿石加工厂,设计产能为400万吨 / 年。印度尼西亚

【走近印尼】

印尼政府还制定了一项颇有争议的移民政策,将爪哇和巴厘岛的居民疏散到苏门答腊、加里曼丹、苏拉威西和伊里安查雅等人口不太密集的外岛地区。实践证明,印尼政府的人口政策取得了很大成功,人口年均增长率从20世纪70年代的2.3%降至20世纪90年代初的1.6%。

的铁砂主要蕴藏在中爪哇的芝拉扎一带。20世纪70年代初开始开采铁砂,进入20世纪90年代后,铁砂生产才恢复增长,1999年产量达48.7万吨。由于印度尼西亚没有专门的铁砂冶炼设备,所以开采出来的铁砂都出口。印尼钢铁工业年产量达600万吨以上,对铁砂的需求每年达1 000万~1 500万吨,但现有的铁砂储备只能满足30%的需求。印尼钢铁业界希望,印尼政府能提早实施铁砂出口禁令,或者征收铁砂出口税来减少大规模的铁砂开采和出口。印尼政府已计划自2014年起将禁止铁砂出口,要求铁砂必须在国内加工,以保证国内钢铁工业的原料供应,支持国内工业提高竞争力。

印尼铝土矿储量2 400万吨,资源量约2亿多吨,其中85%分

布在西加里曼丹,其余15%分布在廖内群岛中的宾淡岛及其周围小岛上。由于西加里曼丹地理位置偏远,基础设施又不足,所以那里的铝土矿至今尚未得到大规模开发。目前只有宾淡岛及周围岛屿上的铝土矿得到较好开发。铝土矿主要由印尼国营矿业公司P．T．Aneka Tambang TBK进行开采工作,开采地点主要在廖内省宾淡岛和西加里曼丹省。2004年产量为133万吨,出口110万吨。2005年铝土矿产量为144.2万吨。2009年1～6月,铝土矿产量100万吨,只完成全年生产指标1 008万吨的9.9%。印尼国内对铝土矿的需求量很少,国内铝材加工的唯一生产商是印尼阿萨汉铝业公司(P．T Indonesia Asahan Aluminium),政府拥有该公司41.12%的股权,其合作伙伴是一家日本公司,拥有公司58.88%的股权,股权期限到2013年为止。该公司2009年生产25.4万吨铝条,营业额3.94亿美元,获得净利6 600万美元。公司2007年营业额曾高达6.5亿美元,而最高净利是2005年创下的1.57亿美元。该公司每年从澳大利亚进口36万吨铝材进行加工。

矿业对印尼经济、社会作出了多方面的贡献。首先,矿业公司向政府缴纳公司所得税、矿区使用费等,为各级政府带来了财政收入;其次,矿业产值是国内生产总值的重要组成部分,也为扩大出口做出贡献;再次,矿区开采需要大量劳动力,为地方创造了就业,改善了从业人员的经济条件;另外,矿业创造的经济社会带动效应呈几何倍数,据印尼大学一项调查显示,印尼三家大型矿业公司——Inco、Kaltm Prima Coal、Freeport通过其采矿作业创造的间接就业机会分别是直接就业机会的39.1倍、12倍和31.6倍。同时,矿区开发也加快了边远地区的开发和经济发展。

【走近印尼】

1969~1989年共有500多万人从爪哇岛迁移到外岛。为表彰苏哈托在人口控制方面做出的突出贡献,联合国1989年授予他"人口计划发展特别荣誉奖",这是迄今为止东盟国家唯一获此殊荣的国家元首。

第三节　矿业投资环境与国内外矿业投资

在1997～1998年的亚洲金融危机之前，印尼政府鼓励矿业发展，然而在这之后矿业的投资和勘探都受到了众多因素的制约：主要有国内改革进程迟缓、政治精英缺少协调、劳工和土地争端增加、非法开采严重、外国矿业公司经营受到的干扰越来越多，等等。20世纪90年代，印尼矿业年均开发和固定资产投资超过15亿美元，但在1998年以后的3年则降至同期水平的20％以下，而且此类投资主要用于设备更新，没有大的矿业勘探活动。自2003年以来，印尼就没有新建过重要矿场。

1997年，印尼的矿业外国投资批准额为1.48亿美元，到2003年，已猛降至1 840万美元。在30家最大的全球性矿业上市公司中，只有5家在印尼还有业务，还在印尼进行勘探活动的就更少。

不过，经过梅加瓦蒂政府的努力，2004年的外国投资增加到了6 780万美元，现在的苏西洛政府则宣布，计划将矿业年投资额增加到20亿美元以上。

印尼矿业生产的发展在很大程度上得益于跨国公司在印尼的采矿活动。在1967～1995年期间，共与外商签订132个非煤矿行业的合作协议，目前还有9个项目

【走近印尼】

在苏哈托执政的第一个25年里，印尼的经济建设成就甚至还远远落后于马来西亚和泰国，但在第三世界国家中，苏哈托政治上的强硬态度和经济上的相对自由也可算作是一个成功的发展模式。

处于生产阶段,33个项目处于产前阶段。印尼对国际矿业资本的态度是既欢迎又限制。以下主要分析印尼矿业投资环境以及近年印尼国内外矿业投资。

一、矿业法及相关法律法规

稳定、清晰、透明、符合国际通行规则的矿业法的存在,是吸引外国矿业投资的一个基本前提。为了吸引外资,印尼独创了一套具有法律效力的标准工作合同 (COW)。从1967年开始实施以来,标准工作合同多次更新换代,目前已执行到第八代。根据标准工作合同制,外资进入矿产勘查和开采有两种途径,一是直接与政府签订标准工作合同,外国公司通常选择这种方式,因为它可以更好地保证公司取得开发开采其发现矿床的权利;二是先与印尼勘探权人建立联合风险企业,由合伙人向矿山能源部部长申请工作合同。如果合同签订成功,还必须得到国会批准,取得法律地

【走近印尼】

世界银行多次赞扬印尼在管理经济方面取得的成就，援助印尼国际财团和亚洲开发银行也把印尼列为世界经济发展最快、经济最有活力的国家之一，苏哈托在国内获得了"建设之父"的称号，国际威望亦不断提高。

位。标准工作合同是专门为外资企业在印尼从事矿产勘查开发而制定的具有法律性质的合同，覆盖了矿产投资的所有方面，包括勘察、生产甚至复垦和环境要求，也包括对外国公司的管理控制，在国际市场销售产品的权利和汇出利润的权利。印尼这套标准工作合同制度，稳定、透明、可预测性强，受到了外国投资者的欢迎。它为印尼的矿业发展作出了巨大贡献，也为国际矿业界开创了一个先河。

二、矿业税制

矿业税收制度是决定矿业投资环境的一个重要因素。印尼对矿业投资实行一定形式的税收优惠制度，特别是免税期。相对而言，印尼的税制相对合理。

三、在国际市场销售矿产品的可能性

决定矿业投资环境的另一个重要因素是在国际市场销售矿产品的可能性。外国矿业公司所生产出的矿产品，能否顺利出口，能否按国际市场价格销售等，是投资者所主要考虑的问题。在印尼有关矿产品尤其是矿产原料能否出口的问题一直存在较大争议。中央政府希望矿产原料能在印尼加工后再出口，以增加外资投入、国内就业和出口附加值，并提高其冶炼技术。但是地方政府特别是资源丰富的东部地区却强烈反对，原因是印尼东部地区自然资源丰富但社会经济相当落后，基础设施如供电、供水、道路、铁路、港口等严重缺乏，基本没有什么工业基础。而如果没有这些基础设施作保障,外资很难一开始就投资加工设施,所以若限制矿产出口,则一方面将使这些地区面临巨大财政问题,另一方面阻碍了外国投资,从而更加不利于这些地区的发展。由于印尼《矿业法》对矿产品出口问题一直没有明确界定,使得许多外国投资者近几年来一直处于观望状态,影响了对印尼的投资。

四、国民对矿山的"感情"问题

与其他的外国投资项目不同,矿业项目有其特殊性。在印尼,国民虽然看到了矿产资源勘察开发对社会带来的多重效益,但人民对待矿产资源的感情与土地差不多,不愿意让外国人拿走其宝贵的矿产资源财富,这就给外国矿业公司的运作带来许多困难。对于矿产所有权能否授予外资企业的问题,赞成者认为若外企不能得到矿权,将阻碍外国企

业的投资积极性。反对者认为因为和外国矿业公司相比，印尼的矿业公司毫无竞争力，如果外国公司能取得矿权，则印尼公司将失去生存空间。

五、与政府的谈判程序

官僚主义障碍是国际矿业公司在许多发展中国家进行矿业投资时最头疼的问题之一，印尼也不例外。首先，与哪个政府部门打交道。在这个问题上，存在着部门管辖权的斗争。只要体制不完善，机制不健全，在哪个国家都会发生。其次，中央政府与地方政府在管辖权上的冲突。与中央政府打交道还是比较容易的，但与地方政府谈判就有许多问题，有时候根本谈不拢，中央政府的政令在地方政府有时候就行不通。这样，一些重要的、中央管辖的矿产项目，外国公司还敢涉足，特别是油气和黄金，但一些在地方政府有许多发言权的小型项目，外国公司特别是大公司是望而却步的。最后，官僚腐败问题。印度尼西亚存在比较严重的官僚腐败问题，这已成为阻碍外国矿业投资的一大因素。因此，尽管国际市场矿产品价格不断上扬，全球矿业一片繁荣，印尼又被业界看作是极具矿藏潜力的国家，国际投资者却大多对印尼持观望态度。在吸引国际矿业勘察投资的排位上虽然印尼还一直居世界前十位，但其位次在逐年下降。2000~2001年度已经下降到第10位。许多外国矿业公司减少或停止了在这里的矿产勘察和开发工作，仅2000年就有30个合同(14个生产，16个勘察合同) 延期了他们的投资计划，有18个合同解除契约。2000年矿业活动大量减少，有14个生

【走近印尼】

从1994年4月1日起，印尼开始进入实施第二个为期25年的长远发展规划的重大历史时期。第二个25年长期建设计划原来亦分为五个五年计划，其目标是使印尼到2019年进入工业化国家的行列，每年的经济增长率订为7%，其中工业增长10%，人均国内生产总值在1994年底的基础上翻两番，达到2600美元。

产公司和5个勘探公司承诺2000年调查计划投资5亿美元，仅是1999年9.51亿美元的一半。

六、地方自治法使矿业管理格局发生重大变化

印尼矿产资源丰富，有着巨大的开发潜力。但是自2001年5月开始实施有关地方自治的1999年22号法后，印尼矿业管理似乎进入了一个法律混乱的时代。依据1967年的《矿业法》，印尼矿业管理是中央为主，地方为辅。而1999年的22号法强调的是地方自治。事实上，在2001年5月以后1967年11号法在对矿业投资的保护方面似乎已经失去了应有的法律效力。

1999年印度尼西亚议会通过了有关地方自治的22号法，2001年5月开始实施。实施地方分权后，印尼中央政府扩大了各省自治和控制本地财富的权力，赋予各省在农业、能源、工业、商贸、管理教育、卫生、交通政策以及批准投资等方面更多的自主权，中央政

府只继续负责国防、货币政策、外交和司法权。在地方政府
权力增加的同时,没有建立相应的监督机制。在矿业管理方
面,22号法将中央政府的一些权力下放到了地方政府,包括
矿权管理、税收和产业政策等,从此印尼矿业管理在很大程
度上进入了一个地方自治的时代。

依据1967年的《矿业法》,矿产开发分类管理,法律将矿
产资源分为A、B、C三大类。A类为战略矿产,包括石油、天然
气、煤、铀、镍、钴、锡。这七类矿产只能由国家经营。外国公
司作为政府机构或国有公司的承包人,经议会批准后也可
按合同规定参与战略性矿产的勘察和开发活动。B类为重要
矿产,包括铁、锰、铝土矿、铜、金、银等34种矿产。这些矿产
可以由国有公司、本土公司、合资公司和个体投资者进行勘
察和开发。A、B类矿产开发权的授予由中央主管部门负责。
C类主要是非金属矿产,主要由省政府管理。

1999年的22号法给予地方政府矿业管理较大的权力。这与1967年的矿业法相矛盾,1967年矿业法主要表现为集中管理,而1999年的22号法已经转变为分散管理。依据22号法,地方政府有权颁发采矿授权。2001年以后非能源矿产的采矿授权主要由地方政府颁发。据2007年年初统计,地方政府已经发放了1200多份采矿授权,大大超过了中央政府在2001年以前30多年颁发的采矿授权总数(597份)。

22号法也赋予了地方政府矿业外资的审批权,标准工作合同也由地方政府负责签发。但外国投资者普遍存在疑虑,担心地方政府无法使合同条款得到保证。在2001年底至少有25家外国投资商不愿意与地方政府签订他们的标准工作合同(COW)。中央政府虽然也保留了依据总统令批准外国投资的权力,但在2001年后基本就没有关于中央政府与外资签订标准工作合同的报道。这也是2001年以后外国固体矿业投资大幅度下降的重要原因之一。

此外,地方政府还各自颁布相应的管理新条例,据印尼商业协会统计,目前已经有1 500份地方政府颁发的新条例,有些与现行的法规相矛盾,这些造成投资者对法律认知方面的混乱。在此期间中央政府曾宣布其中的一些条例无效,因为它们与中央政府和投资者间签订的具有法律性质的合约相冲突。

由于不确定的法律和规章环境,加上不断的安全威胁和与地方政府及当地居民的矛盾,许多矿业公司延迟了他们的新矿

【走近印尼】

印尼1994年开始的第六个五年计划是实现第二个25年的关键性五年,它标志着国家发展进入第二次腾飞的新时期。苏哈托政府原希望在"六五"期间经济年平均增长率保持在6.2%左右,其中农业3.5%,工业超过9%,服务业6.5%,出口贸易增长14%,到20世纪末,出口贸易达到790亿美元,其中85%,即670亿美元属于非油气产品,人均国民收入达到1 000美元,债务偿还比率从30%降至20%以下,人口增长速度由1.66%下降为

业项目投资和项目扩大计划,他们在等待政府提供一个明确而清晰的法律框架,这使得许多外国投资者近几年来一直处于观望状态,影响了对印尼的投资。

从国内投资来看,逐年下降,1999年12.89亿美元,2000年5.21亿美元,2001年4.34亿美元,2002年3.59亿美元,2003年降到8 242万美元。2005年印尼本国的矿业公司总投资额为9.64亿美元,但75.7%的开支用于现有矿区的基础设施建设和更新重型机械,仅有1.57亿美元用于矿产勘探。新的"绿地"勘探仅占4 800万美元,虽然比前五年半均每年700万美元高出许多,但远远低于世界水平,且新的"绿地"勘探投资中89%投在煤炭勘探上,对其他矿物勘探的投资明显不足。2006年印尼在矿产、煤炭和地热领域开发方面的投资额共计13.607亿美元,比2005年提高43%。2007年矿业投资上升到15亿美元,2008年的目标为80亿美元,但最终未能完成,最后落实的实际投资为16.5亿美元。由于投资商一直在等待

政府有关矿产和煤炭方面的新法规出台,因此,2007年、2008年的投资大多为原投资的延续,新的投资商仍在观望之中。印尼政府本希望2009年矿产业能够吸引21.5亿美元的投资,但由于新出台的矿产煤炭法具有较大的不确定性,加上全球金融危机导致矿产品价格下跌,因此,新的大型矿产勘探开发项目均未如期实现,2009年矿业外来投资下降到10亿美元以下。根据印尼矿业与能源协会(API-IMA)最新公布数据,2010年印尼矿业投资达到16.2万亿盾(约18亿美元)。印尼矿物能源部数据显示,截至2010年12月中旬,矿物与煤炭方面落实投资达31.86亿美元,该投资总额较政府原来所规定的指标21.19高出150%,预计2011年该领域投资将达35亿美元,较2010年落实投资高出3.2亿美元。而根据印尼中央统计局公布的数据,2010年印尼矿业部门落实的外来投资为22.3亿美元。

油气开发投资形势更好一些,2006年油气开发投资143.2亿美

【走近印尼】

印尼继续调整产业结构，通过发展工业，促进非石油部门的发展，进一步减少对石油和天然气的依赖，以此作为实现经济腾飞的关键。实行出口贸易多元化、减少对石油和天然气的依赖，这是印尼推行经济改革，发展外向型市场经济的重要措施，同时也是印尼20世纪90年代后半期经济结构调整的重点。

元，比2005年增长18.4%，2007年内外资在油气领域的投资上升到182.3亿美元。印尼油气上游机构(BP-Migas)预定2010年油气上游业务部门投资指标为159.9亿美元，其中136.28亿美元用于生产活动，其余23.6亿美元作为增加产量的勘探经费。2010年油气上游业务部门投资指标远高于2009年的108.74亿美元和2008年的120.96亿美元投资指标。2009年油气投资下降是因为投资效率下降及未获批准的项目被拖延。印尼境内2009年总共钻探73个油气井，现已有33个井生产油气，即勘探成功率达到46%，高于通常的仅20%～30%。

总之，印尼石油天然气资源丰富，铜、金、镍以及锡等矿产资源储量也名列全球前10位，但是大多数都未被开发，主要原因是政府未能提供一个良好的投资环境，而最关键的是不能为投资者提供一个规范、透明有力的法律保障体系，印尼矿业投资评级居第世界第46位。印尼矿产业2006年仅增长2.2%，大大低于5.5%的总体经济增长率，原因是印尼矿产业过去几年缺少重大投资。

第四节　新矿产煤矿法出台及其影响

经过3年7个月的激烈争论,印尼国会终于2008年12月16日正式通过了新的矿业法。2009年1月12日,印尼总统签发了第4号法规,即《矿产与煤炭资源法》(Mining Bill),新法将取代1967年矿业法,填补2001年实行全面地方自治后,在新矿业合同签发方面留下的法律真空。

第一,新法最本质的改革在于将旧法的矿产及煤炭工作合同制度(Contract of Work System)改为政府颁发准字的矿业许可证制度(Permit Scheme),从而结束了实行41年之久的矿业经营中的工作合同制。新法要求投资商开发矿产资源的每一个步骤,包括地震勘探、开采、可行性研究和项目建设,都必须得到印尼政府的批准,规定目前的矿产及煤矿开发须要得到几个许可:开采许可(Mining Permit)、探采许可(Exploration Mining Permit)、生产开采许可(Production Operation Mining Permit)、小规模开采许可 (Small-Scale Mining Permit)、特殊开采许可(Special Mining Permit)、勘探性特殊开采许可(Exploration Special Mining Permit)、生产性开采许可(Production Operation Special Mining Permit)等。新法一共界定三种

【走近印尼】

在"六五"期间,印尼政府继续扩大以加工工业为主的非油气产品,特别是对本国资源进行深加工的工业制成品的出口。印尼工业品出口1992／1993年度达到191亿美元,"五五"计划的最后一年即1993／1994年度达到220.35亿美元。

矿业煤炭经营方式:一般矿产经营准字(IUP)、人民矿产准字(IPR)以及特别矿产经营准字(IUPK),政府认为准字制将给予政府更大的监管力度。

第二,要求投资者必须在印尼国内设立冶炼厂对矿产资源进行加工,此项规定将于2014年正式生效。新法的一项重要变化是要求投资者将开采的全部矿物在当地进行加工,建立自己的冶炼厂或者利用其他公司的冶炼厂。新法规定,获得IUP和PUP的已投产的企业需建设矿产冶炼加工厂。而已生产的原有工作合同的企业则最迟在新法实施5年内要建立上述冶炼厂。

第三,新法对投资商矿区的大小范围和期限有了新的限制,以保护该国的小型和中型矿业公司。旧的矿业法允许矿产企业拥有10万公顷以上的矿区,而新法对拥有矿业特别许可证和开采许可证的矿场,将根据开采的矿产品限定采矿面积:黄金、锡:勘探期间面积限制为10万公顷,开采期间面积限制为2.5万公顷;钻石、宝石:勘探期间面积限制为2.5万公顷,开采期间面积限制为

5 000公顷；煤：勘探期间面积限制为5万公顷，开采期间面积限制为1.5万公顷。对于持矿业代理委托书的矿业公司，则根据其为个人经营、团体经营还是合作经营，面积分别限定为1公顷、5公顷和10公顷。生产准字的期限由原来的70年缩短为20年，但可延长两次，每次10年。这一规定虽有助于防止矿产企业控制大片矿区，同时有助于政府保护环境，但新的限制措施可能损害矿产业外国投资。

第四，在企业缴纳正常的所得税和矿产税(royalty)之外，新法还增加了一项附加税，税率达10%，中央政府得4%，地方政府得6%。这种附加税的政策并不是一种国际通行的做法，显然将增加在印尼投资矿业的成本，被认为不利于吸引新的投资者的一个重要因素。

新矿产煤矿法虽然已经批准，但新的实施细则和相关配套措施还未出台，造成许多大型矿业投资者裹足不前，静待相关法令颁布后，再规划投资方案，因此短期内通过的投资项目，多为中小型矿业投资，大的项目开发仍被搁置。2001年油气法通过后，实施细则3年后才公布。主要的问题仍然是：矿产开采与林木保护规定之间有冲突；中央与地方政府对矿业管理权限的矛盾；税收方面的问题(税务激励、增值税、公司税率)；对外资利益的不公平待遇；非法采矿问题突出；新投资法、新矿产法和实施条例之间缺乏协调性，等等。上述影响投资的负面因素在新矿产煤矿法公布后并没有实质性的改善。

新矿产煤矿法出台后，印度尼西亚政府先后批准新建6家冶炼

【走近印尼】

根据"六五"计划的安排，五年期间工业品出口计划增长90.05%。其中，计划的头一年即1994／1995年度为262.15亿美元，1995／1996年度为308.84亿美元，1996／1997年度361.91亿美元，1997／1998年度423.76亿美元，到计划的最后一年1998／1999年度达到488.28亿美元。届时印尼的经济结构将出现一个新的格局。

【走近印尼】

印尼政府决定继续加强石油和天然气的勘探和开发，以保住油气出口国地位，扩大政府资金来源。虽然印尼一直致力于经济结构改革，大力发展多元化出口贸易，特别是工业制成品出口，但这并不意味着政府放弃油气出口。

厂，总投资额约为49.28亿美元。5项矿务工程是：Nusantara公司在东加省的Bontang镍矿与铜矿冶炼厂，投资额10.4亿美元；Gresik公司位于东爪哇价值约14亿美元的电解铜工厂；多种金属公司Antam所属的工程，位在西加省Tayan地区，总值达2.5亿美元的铝冶炼厂；位于南加里曼的价值为5亿美元的氧化铝冶炼厂；位于南加里曼的价值为6 000万美元的海绵铁冶炼厂；另外一家位于民丹的价值约为8.39亿美元的氧化铝冶炼厂。由于新矿业法第110条和第117条载明，在印度尼西亚的矿业投资厂商必须在最多5年内落实其矿务冶炼计划，这项规定使有关的投资厂商更积极设立冶炼厂对矿产品进行加工冶炼。

随着印尼投资环境改善，美国逐渐增加对印尼的投资。美国在2009年向印尼投资约20亿美元，2010年增加到46亿美元，两年

投资共达66亿美元,主要用于矿业开发,特别是镍矿。印尼投资协调局表示,印尼在2009年上半年获得的外国投资比2008年下半年增加了21.7%,说明投资家看好印尼市场的投资前景。

世界第三大矿业集团——澳大利亚必和必拓(BHP Billiton) 公司也准备与印尼国营多种金属公司PT Aneka Tambang(Antam)合作,分别在印尼的Halmahera和西巴布亚(West Papua)设立镍矿开采厂和冶炼厂,总投资达到25亿美元,预计5到7年后投产。此外,近期有几个大项目如力拓集团的La Samphala镍矿项目、先驱资源的Dairi锌矿项目、印多矿业公司的日惹铁矿砂项目等正在投资审批阶段,这些项目总投资达到80亿~100亿美元,一旦获批,未来几年内将有可观的勘探投入。根据印尼投资协调局预计,2010~2012年印尼矿业部门每年将获得60亿美元的外来投资。

阿拉伯联合酋长国Ras Alkhaimar的投资商计划在东加里曼丹省古泰(Kutai)投入49.4万亿盾(约52亿美元)用于煤矿和铝矿工程投资,该项投资将直接为印尼5000名劳动力创造就业机会。项目投产后煤炭产量逐年提高,2010年生产100万吨,2014年1 700万吨和2017年3 500万吨。而每年生产50万吨的铝熔炼厂将在2014年投入生产。

澳大利亚政府计划开征高达40%的资源税将推高矿产、特别是煤炭的价格。澳大利亚开征资源税促使矿业投资者转向印尼,给印尼矿业尤其是煤炭工业带来发展机遇。矿业投资者的大举进入,将对印尼矿业上下游领域的投资产生积极影响。除煤矿以外,预计在金属矿产——特别是镍矿、铜矿、铁矿和铝矿领域的投资也可能进入印尼。考虑到矿业上游领域投资门槛低,国内投资比较旺盛的现实,印尼政府计划鼓励外资进入资本投入大、周期长的矿业下游领域。